Peter Lauster, in Stuttgart geboren, studierte Psychologie, Philosophie, Anthropologie und Kunstgeschichte. Seit 1971 leitet er die «Praxis für psychologische Diagnostik und Beratung». In den letzten Jahren beschäftigte er sich verstärkt mit der Erforschung sozialer Phänomene, die den Menschen neurotisieren. Seine Sachbücher erreichten eine Gesamtauflage von über 5 Millionen Exemplaren und erschienen in 16 Ländern. Alle Informationen zu Autor und Werk finden Sie im Internet unter www.peter-lauster.de

Peter Lauster

Selbstbewusstsein
Sensibel bleiben, selbstsicher werden

Rowohlt Taschenbuch Verlag

Neuausgabe August 2010
Veröffentlicht im Rowohlt Taschenbuch Verlag,
Reinbek bei Hamburg, Oktober 2006
Copyright © 2006 by Rowohlt Verlag GmbH, Reinbek bei Hamburg
Umschlaggestaltung ZERO Werbeagentur, München
(Illustrationsnachweis: Radius Images/Corbis)
Satz Proforma PostScript (InDesign) bei
Pinkuin Satz und Datentechnik, Berlin
Druck und Bindung Druckerei C. H. Beck, Nördlingen
Printed in Germany
ISBN 978 3 499 62037 9

Inhalt

Vorwort 7

Erstes Kapitel
Was ist ‹richtiges› und was
‹falsches› Selbstbewusstsein? 11
    Die Angst vor sich selbst 17
    Angst vor anderen Menschen 29
    Ist geringes Selbstbewusstsein angeboren? 34

Zweites Kapitel
Die Gründe für geringes Selbstbewusstsein 37
    Unterdrückende Erziehung 39
    Gehemmte Sexualität 42
    Gesellschaftsstruktur und Seelenverschmutzung 45
    Verhinderte Entfaltung 48
    Frustrationen im Umgang mit Menschen 52

Drittes Kapitel
Analyse der Minderwertigkeitskomplexe 64
    Die Kompensation der Minderwertigkeitsgefühle 65
    Wie der Körper bei Minderwertigkeitsgefühlen
    reagiert 68

Viertes Kapitel
Analyse Ihrer Situation 74
    Sind Sie seelisch labil? 79
    Sind sie extravertiert oder introvertiert? 81
    Sind Sie ängstlich? 85

Fünftes Kapitel
Übersicht über Methoden der Psychotherapie 93
    Autosuggestion und autogenes Training 96
    Psychoanalyse 101
    Gesprächstherapie 107
    Gruppentherapie 110
    Verhaltenstherapie 115
    Wann brauchen Sie
    einen Psychotherapeuten? 119

Sechstes Kapitel
Das Programm für mehr Selbstsicherheit 123
    Problemtagebuch 123

Siebtes Kapitel
Das Bewusstseinstraining 131
    Befreiung der Liebesfähigkeit 132
    Entfaltung Ihrer weiteren Fähigkeiten 148
    Selbstsicherheit und Lebensziele 151
    Beachten Sie Ihre Gefühle 154
    Entfaltung Ihrer Persönlichkeit 157
    Aufgaben zum Nachdenken 161

Anhang
    Kleines Lexikon der Fachausdrücke 170
    Literaturverzeichnis 174

Vorwort

Die Ausprägung des Selbstbewusstseins ist eine zentrale Eigenschaft, die nicht angeboren ist, sondern die sich von der Kindheit an langsam entwickelt. Zunächst wird an Fallbeispielen gezeigt, wie sich ein geringes Selbstbewusstsein auswirken kann. In diesen Fallschilderungen können sich viele Leser mit ihren eigenen Problemen gespiegelt sehen. Dieser vorgehaltene Spiegel möchte wachrütteln, in Zukunft nicht mehr vor den eigenen Selbstwertproblemen durch Verdrängung zu fliehen.

Frustrationen (Enttäuschungen, seelische Verletzungen) zerstören systematisch die Selbstsicherheit im Laufe des Lebens. Nur etwa zehn Prozent der Menschen können sich wirklich frei und ohne Unterdrückung entfalten. Es ist psychologisch verständlich, dass Millionen Menschen aufgrund der Erziehungs- und Gesellschaftssituation Probleme mit ihrem Selbstbewusstsein haben. Würde man ein Jahr lang die Erziehungsweise von Eltern und Lehrern beobachten und jedes Lob und jeden Tadel zählen, könnte man entdecken, dass auf ein Lob etwa zehn tadelnde Bemerkungen oder gar Strafen kommen. Das geht an der Seele eines Kindes nicht spurlos vorbei und wirkt bis ins Erwachsenenalter nach. Warum das so ist und welche Auswirkungen es auf das eigene Selbstwertgefühl hat, wird psychologisch analysiert.

Je mehr Frustrationen ein Mensch im Laufe seines Lebens einstecken muss, umso unsicherer und ängstlicher wird er. Die

Verhaltensforscher haben entdeckt, dass der Mensch auf diese Weise ‹konditioniert› werden kann, was bedeutet, dass sich in seiner Psyche Prozesse abspielen, die seinem Verstand nicht zugänglich sind. Der Mensch glaubt zwar, in erster Linie über den Verstand zu leben, doch ist das ein Irrtum – er wird vielmehr von unbekannten Kräften in seiner Seele ‹gelebt›. Wenn der Leser diese Zusammenhänge kennen lernt, wird er sich selbst und seine Mitmenschen in Zukunft besser verstehen. Um das Selbstbewusstsein zu steigern, sollte der Leser nicht nur passiv lesen und darauf hoffen, dass durch die Lektüre ein überlegenes Selbstbewusstsein automatisch auf ihn ‹zufliegt› und ihn nicht mehr verlässt. Er muss selbst aktiv werden und sollte die Denkanstöße, die das Buch vermittelt, in der Praxis realisieren.

Dieses Buch versucht im ersten Teil, Verständnis für die eigene Situation und die der Mitmenschen zu wecken – ein erster Schritt zum Aufbau eines größeren Selbstbewusstseins. Der zweite Schritt führt zur Analyse der individuellen Situation. An dieser Stelle wird zur Aktivität aufgefordert und zur Beschäftigung mit der eigenen Situation durch Selbstbefragung. Der letzte und schwierigste Schritt führt zur Veränderung des Bewusstseins und der bisherigen Einstellung. Das ‹Programm für mehr Selbstsicherheit› erfordert zum Beispiel das Führen eines ‹Problem-Tagebuchs›.

Dieses Buch ist vor sechzehn Jahren erstmals erschienen. Es war viele Jahre im Buchhandel vergriffen. Vor dieser Neuausgabe stellte ich bei der Textredigierung fest, dass dieses Buch sehr pragmatisch orientiert ist, dass es also den Lesern in leicht verständlicher Form Wege und Methoden aufzeigt. Von diesem Ratgeberstil bin ich in meinen späteren Büchern abgerückt und mehr zu psychophilosophischen und gesellschaftskritischen Betrachtungen übergegangen. Insofern ist dieses frühe Buch grundlegender Art, denn es vermittelt notwendiges Basiswissen über die Psyche für diejenigen, die sich bisher mit Psychologie noch nicht befasst haben – und es liefert eine elementare Einführung in die psychischen Vorgänge der Selbstwertproblematik.

In diesem Buch werden die sehr komplizierten psychischen Zusammenhänge in ihre detaillierten Verästelungen hinein noch nicht weiter ausgeführt. Diese Vertiefung erfolgte in meinen späteren Büchern, die zwangsläufig die so wichtige Selbstwertproblematik immer wieder berühren, unter anderem das Durchsetzungsverhalten, die Gelassenheit und die Lebenskunst.

Köln, 1991
Peter Lauster

Erstes Kapitel
Was ist ‹richtiges› und was ‹falsches›
Selbstbewusstsein?

Selbstbewusstsein ist eine Eigenschaft, die verschieden stark ausgeprägt ist. Da nur wenige Menschen ein starkes Selbstbewusstsein haben, besitzen sehr viele zu wenig davon und wünschen sich somit mehr Selbstsicherheit.

Auf den ersten Blick scheint die Selbstsicherheit, psychologisch gesehen, eine einfache Sache zu sein. Aber das ist sie nicht, weil diese Eigenschaft stark mit anderen Eigenschaften verknüpft ist.

Die Selbstsicherheit ist eine sehr zentrale Eigenschaft. Wenn man sich das Modell der Seele grob als ein Ringmodell vorstellt, sitzt die Selbstsicherheit in der Mitte, während sich andere Eigenschaften um sie herum gruppieren.

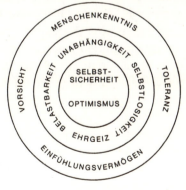

*Das Ringmodell
der Seele*

Die Selbstsicherheit hängt stark mit Optimismus bzw. Pessimismus zusammen. Beides, Selbstsicherheit und Optimismus, sind Eigenschaften, die sich schon in früher Jugend entwickeln. Andere Eigenschaften reifen erst später aus, wie etwa die Menschenkenntnis. Aus diesem Grunde lassen sich diese Eigenschaften auch später leichter lernen, während die Selbstsicherheit viel schwieriger entfaltet werden kann.

Das ‹Ringmodell der Seele› ist aus meinem Buch *Der Persönlichkeitstest. Ein Test- und Beratungsprogramm zur Entfaltung Ihrer Persönlichkeit* entnommen, in dem zehn wichtige Persönlichkeitseigenschaften vorgestellt werden. Überprüfen Sie einmal das folgende Beispiel. Stellen Sie gefühlsmäßig fest, ob sich die geschilderte Person hinsichtlich ihres Selbstbewusstseins ‹richtig› oder ‹falsch› verhält: Herr Berger kommt morgens ins Büro. Ein Kollege erzählt ihm, dass die anderen gestern noch in der Gastwirtschaft an der Ecke ein Bier getrunken hätten und das Gespräch auf ihn gekommen sei. Herr Berger lächelt. Der Kollege fragt: «Willst du nicht wissen, was über dich gesprochen wurde?» Er antwortet: «Wurde positiv über mich gesprochen, würde es mich freuen. Wurde jedoch negativ über mich gesprochen, was die Regel bei diesen Biergesprächen ist, würde es mich ärgern. Am besten, du erzählst mir gar nichts.»

Was halten Sie davon? Ist Herr Berger selbstbewusst? Diese Frage ist schwer zu beantworten. Herr Berger fühlt instinktiv, dass Klatsch sein seelisches Gleichgewicht beeinflussen könnte; deshalb möchte er lieber gar nichts über das Gespräch wissen – um nicht verletzt zu werden. Die Chance, eventuell durch etwas Positives erfreut zu werden, nutzt er nicht. Seine Selbstsicherheit ist also nicht sehr stark.

Hätte sich Herr Berger bei dem Kollegen interessiert nach dem Klatsch erkundigt, gäbe es folgende Deutungsmöglichkeiten:

- Herr Berger ist selbstsicher und optimistisch. Er erwartet etwas Positives. Etwas Negatives würde ihn nicht erschüttern.
- Herr Berger ist nicht selbstsicher. Er will genau wissen, was man an ihm auszusetzen hat. Insgeheim hofft er jedoch auf etwas Positives, um sein geringes Selbstbewusstsein dadurch für einen Moment zu stärken.

Das Beispiel aus dem Berufsalltag zeigt, wie vielschichtig Reaktionsweisen sein können. Es zeigt auch, dass nur der Selbstsichere solch eine Klatschsituation souverän meistern kann. Der Selbstunsichere hingegen verstrickt sich in komplizierte Schutzmechanismen, denn er ist leicht verletzbar. Dadurch ist seine seelische Ausgeglichenheit in Gefahr. Eine ‹schlechte Bewertung› seiner Person raubt ihm die gute Laune, kostet ihn seelische Kraft.

Die Mitmenschen spüren, ob Herr Berger selbstsicher ist. Halten sie ihn für selbstsicher, verschonen sie ihn mit schlechten Nachrichten, weil damit keine Wirkung erzielt werden kann. Wird Herr Berger jedoch für selbstunsicher gehalten, dann macht es vielen Menschen eine sadistische Freude, ihn aus dem Gleichgewicht zu bringen.

Das zeigt die schlimme Lage des Selbstunsicheren. Seiner Unsicherheit wird durch die Mitmenschen ständig neue Nahrung gegeben. Der vorgebrachte Klatsch macht den Unsicheren erneut unsicher – seine Unsicherheit wird bekräftigt. Die Mitmenschen bemerken sehr schnell die Unsicherheit und überfallen Herrn Berger in Zukunft bei jeder Gelegenheit mit negativem Klatsch. Dadurch wird Herr Berger noch unsicherer – er ist in einem Teufelskreis gefangen, aus dem er nur schwer wieder herausfindet.

Wer von der Meinung und Bewertung seiner Mitmenschen stark abhängig ist, findet nicht mehr die Kraft, seine Fähigkeiten voll zu entfalten; er ist zu sehr mit dem Problem seines Selbstwertgefühls beschäftigt. Das kostet so viel Kraft, dass für außerordentliche Leistungen keine Energie und auch kein Mut mehr vorhanden sind. Prüfen Sie nun ein anderes Beispiel. Was halten Sie hier von der Selbstsicherheit? Zwei Freunde (Herr Schmidt und Herr Rall) unterhalten sich.

Schmidt: «Ich habe eine Gehaltserhöhung erhalten.»
Rall: «Das war bei dir aber langsam Zeit. Ich habe beim Chef schon vor drei Monaten für meine Abteilung eine Gehaltserhöhung durchgedrückt.»
Schmidt: «Und du selbst?»
Rall: «Ich kann in meiner Firma so viel verdienen, wie ich will. Die können einfach nicht auf mich verzichten. Ich verstehe doch in diesem Laden am meisten von Datenverarbeitung. Die wissen genau, dass mir noch ganz andere Positionen offen stehen würden.»
Schmidt: «Du bist ein Glückspilz. Du hast dich eben rechtzeitig auf Datenverarbeitung umgestellt.»
Rall: «Ohne Organisationstalent nützt das alles nichts. Ich kann eben gut logisch denken. Und das gibt mir einen Vorsprung. Da müssen die anderen früher aufstehen, bevor mir einer etwas vormachen kann.»

Was halten Sie von diesem Gespräch? Ist Herr Rall selbstbewusst? Auf den ersten Blick scheint es so, denn Herr Rall wirkt sogar sehr selbstsicher – keine Spur von Unsicherheit. Herr Rall besitzt jedoch kein ‹gesundes› Selbstbewusstsein; er gibt sich nur nach außen selbstsicher. Seine ‹Selbstsicherheit› ist nämlich nicht viel mehr als Angeberei – Herr Rall erinnert eher an einen Großsprecher, einen Maulhelden. Er trägt dick auf und will imponieren, um seine innere Unsicherheit zu kaschieren.

Sicherheit als Fassade

Würde Herr Schmidt an der Oberfläche kratzen, würde er sehr schnell bemerken, dass sein Freund Rall unsicher und ängstlich und seine Sicherheit eine vorgespielte Fassade ist. Aber Herr Schmidt hat auch nur ein schwaches Selbstbewusstsein. Deshalb gibt er sich sehr bescheiden und höflich. Er will seinen Freund Rall nicht verletzen, weil er dann eine Missstimmung befürchtet – und das würde sein Selbstbewusstsein stark beeinträchtigen. Mit einem Freund in Streit zu geraten hieße ja, sich selbst als ‹unverträglich› zu zeigen. Das kann er nicht mit seinem Selbstbild vereinbaren. Für einen Streit ist er nicht selbstsicher genug.

Das Beispiel zeigt die Auswirkungen mangelnder Selbstsicherheit. Wahrscheinlich haben Sie in Ihrem Bekanntenkreis auch schon einmal solch ein Verhalten beobachtet. Herr Rall ist mit seinem Imponiergehabe jedenfalls ein Beispiel für ‹falsches› Selbstbewusstsein. Nun soll ein Fall von ‹richtigem› Selbstbewusstsein beschrieben werden.

Herr Melcher ist bei Bekannten eingeladen. Er ist selbständiger Graphiker. Die anderen zehn Personen sind Beamte und Angestellte. Da er längere Haare hat und sehr frei auftritt, wird er sofort skeptisch und vorsichtig betrachtet.

Im Laufe der Diskussion ist Herr Melcher ziemlich schweigsam. Er hört aufmerksam zu und interessiert sich für die Gespräche der anderen. Herr Schneider besitzt kein sehr großes

Selbstbewusstsein. Das kaschiert er durch besonders forsches und dominierendes Auftreten. Die Schweigsamkeit von Herrn Melcher macht ihn etwas unsicher. Dagegen kämpft er an, indem er versucht, Herrn Melcher zu provozieren.

Schneider: «Warum sind Sie so schweigsam, Herr Melcher?»
Melcher: «Ich höre zu.»
Schneider: «Die Graphiker haben's alle faustdick hinter den Ohren. Arbeiten Sie auch für die Werbung?»
Melcher: «Ich illustriere Kinderbücher und mache auch ab und zu eine Ausstellung.»
Schneider: «Sind Sie auch so ein Scharlatan wie die anderen modernen Künstler?»

An dieser Stelle könnte sich Herr Melcher ärgern. Wenn er ein geringes Selbstbewusstsein hätte, würde er unsicher werden durch die Provokationen des Herrn Schneider. Seine Unsicherheit könnte in ihm verschiedene Reaktionen auslösen, beispielsweise Demut, Resignation oder Aggressivität.

Da Herr Melcher jedoch ein tief verwurzeltes Selbstbewusstsein besitzt, wird er nicht unsicher, sondern bleibt sachlich und versucht, Herrn Schneider von seiner falschen Gesprächstaktik abzubringen. Er antwortet: «Wenige moderne Künstler sind Scharlatane. Für solche Zeitgenossen gibt es günstigere Gebiete, auf denen sie durch ihre Scharlatanerie erfolgreich sind und mehr Geld verdienen als auf dem Gebiet der Kunst.»
Schneider: «Aber viele moderne Kunstwerke sind für mich einfach Blödsinn.»

Die Gefahr ist gebannt. Herr Schneider greift Herrn Melcher nicht mehr direkt an, sondern gibt jetzt eine Meinung von sich, über die diskutiert werden kann.

Herr Melcher hat aufgrund seiner Selbstsicherheit einen Angriff, der auf ihn persönlich gezielt war, ohne Spannungen abwehren können. Sein Selbstwertgefühl war so stabil, dass er sachlich reagieren konnte.

Vielleicht sind Sie von der Antwort Herrn Melchers sogar etwas enttäuscht. Sie ist weder witzig noch besonders schlagfertig. Herr Schneider ‹bekam es auch nicht heimgezahlt›. Wenn Sie eine solche Antwort insgeheim erwartet haben, zeigt das Ihre eigene Unsicherheit. Denn der Unsichere will stets triumphieren, er will Macht über die anderen gewinnen, er muss sein Selbstwertgefühl ständig durch Überlegenheit bestätigt sehen. Das aber ist keine ‹richtige, gesunde› Selbstsicherheit. Der wirklich Selbstsichere muss nicht stets überlegen sein. Er kann anderen Menschen ohne Angst begegnen. Sein eigener Wert wird durch die Reaktionen der anderen nicht angetastet.

Die Angst vor sich selbst

Es gibt viele Arten der Angst. Die heimtückischste ist die Angst, die man vor sich selbst hat. Die Angst vor einem bestimmten Menschen oder die Angst vor einer drohenden Gefahr, wie zum Beispiel vor einer Feuersbrunst, sind klare Ängste, die sich gut beim Namen nennen lassen und dadurch an Schrecken bereits etwas verlieren.

Die Angst vor der eigenen Persönlichkeit ist schwieriger zu durchschauen und deshalb auch schwerer zu bekämpfen. Angst vor sich selbst hat der Selbstunsichere. Selbstbewusste

Menschen haben diese Angst selten. Warum hat der unsichere Mensch Angst vor sich selbst? Der Unsichere wird mit sich selbst nicht richtig fertig. Er ist sich selbst ein Rätsel und hat keinen Mut, dieses Rätsel zu lösen.

Expansionsdrang

Die Selbstsicherheit hängt mit dem Expansionsdrang zusammen. Der Unsichere ist gehemmt, er kann seinen Expansionsdrang nicht entfalten. Der Expansionsdrang gliedert sich nach den Erkenntnissen des Arztes Dr. Schultz-Hencke in drei Gebiete:

- Besitzstreben,
- Sexualstreben,
- Geltungsstreben.

Es gibt Personen, die nur auf einem oder zwei Gebieten gehemmt sind. Viele sind jedoch auf allen drei Gebieten mehr oder weniger stark gehemmt. Der gehemmte Mensch hat Angst vor den Strebungen, die aus der Tiefe seiner Seele hochsteigen. Er fühlt sich von ihnen beherrscht und hat Angst, ihnen zu unterliegen.

Ein Beispiel für die Hemmung des Sexualstrebens soll zeigen, welchen Schaden die Angst vor den eigenen Impulsen und Strebungen anrichten kann.

Frau Liblar ist seit fünf Jahren verheiratet. Durch ihre Eltern hat sie auf dem Gebiet der Sexualität keine freie Erziehung erfahren. Außerdem war sie ein Einzelkind und wurde von ihren Eltern sehr behütet. Von dem ersten Mann, der sie nach monatelangem Werben zu sexuellem Verkehr brachte, bekam sie sofort ein Kind. Eine Abtreibung wurde aufgrund ihrer strengen Erziehung nicht erwogen; der Mann wollte sie auch heiraten. Die Gefühle für diesen Mann hielt Frau Liblar für Liebe, obwohl ihr die Verbindung weder sexuell noch seelisch besondere Glücks- und Geborgenheitsgefühle verschaffte.

Während der fünfjährigen Ehe verschlechterte sich ihre sexuelle Beziehung. Die kameradschaftliche Verbindung vertiefte sich jedoch, da ihr Mann charakterlich nicht schwierig war und sie sich seinen Wünschen leicht unterordnen konnte. Im Urlaub lernte Frau Liblar einen Mann kennen, der sie sexuell sehr stark erregte. Zum ersten Mal meldete sich ihre sexuelle Strebung mit voller Heftigkeit. Außerdem entwickelte Frau Liblar zu diesem Mann eine starke seelische Bindung, sodass sie zum ersten Mal in ihrem Leben wirklich liebte.

Lösungen des Problems

Wie ist diese Geschichte ausgegangen? Es gibt zwei des grundsätzliche Möglichkeiten. Die erste Möglichkeit wäre die ungehemmte, selbstbewusste und richtige Lösung gewesen.

- Frau Liblar steht zu ihrer Liebe und lässt sich von ihrem Mann scheiden. Sie beginnt eine neue Ehe, die sie glücklich macht.
- Frau Liblar konnte den ersten Weg aufgrund ihres gehemmten Sexualstrebens nicht gehen. Die Angst vor dem Ausbruch ihrer unterdrückten Sexualität ließ sie zurückschrecken. Sie hatte nicht genug Selbstsicherheit, ihre Sexualität und ihre Gefühle zu entfalten. In Zukunft vermied

Frau Liblar sogar jede Möglichkeit, mit einem Mann allein ein Gespräch zu führen. Sie hatte Angst davor, sich jemals wieder in einen Konflikt dieser Art zu bringen. Ihre Sexualstrebung blieb bis zum Ende ihres Lebens gehemmt. Sie lernte nie eine glückliche und befreiende Sexualität kennen.

Das Beispiel von Frau Liblar ist nichts Besonderes. Die meisten Ehen sind unglücklich und bleiben trotzdem erhalten, wenn einer oder beide Partner eine Hemmung des Sexualstrebens besitzen.

Persönlichkeitsmodell von S. Freud

Um die Angst vor der eigenen seelischen Struktur besser zu verstehen, ist das Persönlichkeitsmodell von Sigmund Freud, dem Begründer der Psychoanalyse, sehr nützlich.

Er unterscheidet drei Instanzen, die das Verhalten beeinflussen: das ES, das ICH und das ÜBER-ICH.

Das ES ist die elementarste Schicht; von hier aus entfaltet sich beispielsweise der Sexualtrieb. Das ICH ist für die Anpassung an die Forderungen der Realität und der Umwelt zuständig. Das ICH entscheidet also, ob sexuelle Strebungen entfaltet werden sollen. Das ICH kann jedoch nicht völlig frei entscheiden, da es unter dem Einfluss des ÜBER-ICH steht. Das ÜBER-ICH ist das Gewissen und repräsentiert die Normen der jeweiligen Gesellschaft und Kultur.

Das ICH jedes Menschen wird also von drei Seiten beeinflusst: vom ES (beispielsweise mit sexuellen Wünschen), vom ÜBER-ICH mit seinen programmierten Moralanschauungen

und von der Umwelt mit ihren augenblicklichen Forderungen.
– So wird das ICH von drei Seiten beeinflusst:

Das ICH kämpft in Freuds Modell mit zwei seelischen Instanzen (ES, ÜBER-ICH) und der Realität. Natürlich bleibt das ICH nicht immer Sieger. Ein markanter Satz von Freud lautet deshalb resignierend: «Der Mensch ist nicht Herr im eigenen Haus.»

Der Mensch hat Angst vor den Strebungen aus seiner ES-Schicht, fürchtet sich davor, ihnen zu unterliegen (siehe den Fall Frau Liblar), weil das Gewissen (ÜBER-ICH) eine Befriedigung – hervorgerufen etwa durch eine prüde Erziehung – nicht zulassen will. Diese Angst vor der Expansion der Strebungen führt zur Gehemmtheit. Die Gehemmtheit bleibt natürlich nicht ohne Folgen. Die Unterdrückung der Sexualstrebung führt im schlimmsten Fall zu einer Neurose (seelische Störung) und zu körperlichen Beschwerden (häufige Kopfschmerzen, Schlaflosigkeit, Hand- und Fußschweiß, Magenschmerzen, Herzklopfen usw.). Die Unterdrückung irritiert aber vor allem auf unbewusstem Wege die Selbstsicherheit.

Mit einem Beispiel soll das illustriert werden. Herr Hubermann ist seit drei Jahren verheiratet. Da er sehr puritanisch erzogen wurde, hat er seine sexuellen Strebungen in der Pubertät zu verdrängen versucht. Außerdem hielt er sich körperlich für nicht sehr attraktiv. Er war sehr glücklich, als sich eine Frau für ihn interessierte, und er heiratete sie nach einem halben Jahr. Aber die sexuelle Begegnung mied er, so gut es ging. Herr Hubermann konzentrierte all seine Energie auf seinen Beruf und schützte gegenüber seiner Frau immer eine gewisse Müdigkeit vor. Auf diese Weise vermied er weitestgehend den sexuellen Kontakt und ‹genoss› die Früchte seiner Arbeit, seinen Aufstieg zum Abteilungsleiter.

Durch ihre Verdrängung verschwinden die sexuellen Impulse jedoch nicht. Sie tauchen in Nacht- und Tagträumereien immer wieder auf. Im Falle unseres Herrn Hubermann wurde der von den Reizen seiner Frau und den sexuellen Reizen seiner Umgebung (Sekretärin, Magazine, Filme) durchaus stimuliert. Da er sexuelle Bedürfnisse und Wünsche aber nie ungehemmt auslebte, litt sein Selbstwertgefühl. Er fühlte sich nicht vollwertig und fühlte unbewusst, dass seinem Leben etwas fehlte. Herr Hubermann wurde zwar von seiner Umgebung wegen seines beruflichen Erfolgs bewundert, dennoch spürte man, dass er oft unsicher und leicht reizbar war. Herr Hubermann konnte keine Kritik ertragen, besaß auch kein ausgeglichenes Selbstwertgefühl.

Um Herrn Hubermann zu heilen, auch um seine Ehe zu retten, müsste man ihm die Angst vor seinen sexuellen Impulsen nehmen. Er müsste sexuell freier werden, dann würde sein Selbstbewusstsein stärker und sein Leben glücklicher.

Da Herr Hubermann mit niemandem über sein Problem spricht, weil er ihm selbst nicht offen in die Augen sehen kann, bleibt er während seines ganzen Lebens unsicher.

Ich habe dieses Buch nicht zuletzt deshalb geschrieben, damit sich Leser, denen es ähnlich geht wie Herrn Hubermann, wieder erkennen und sie durch sein Schicksal wachgerüttelt werden. Ich fordere diese Leser auf, nicht mehr den Kopf in den Sand zu stecken, sondern ihre Sexualität zu beachten. Die Angst vor den eigenen Triebimpulsen sollte unbedingt abgebaut werden. Wer glaubt, das nicht allein zu schaffen, sollte sich einem Psychologen anvertrauen. Mehr über die Methoden einer solchen Psychotherapie können Sie ab Seite 101 nachlesen.

Auswirkungen des Geltungsstrebens

Und nun ein Beispiel über die Auswirkungen des Geltungsstrebens auf das Selbstbewusstsein. Jeder Mensch besitzt wie den Sexualtrieb ein Geltungsstreben. Das Geltungsstreben wird deshalb nicht als Geltungs‹trieb› bezeichnet, weil ein Trieb eine organische Grundlage hat (der Sexualtrieb beispielsweise ist an die Sexualorgane und Sexualhormone gebunden).

Das Geltungsstreben ist zwar kein Trieb, aber es ist ein elementares Streben wie das Streben nach sexueller Befriedigung. Man kann zwar von einem Menschen sexuelle Askese fordern (etwa von katholischen Geistlichen), die dann auch mit mehr oder weniger starken seelischen Störungen durchgeführt wird, aber eine noch schlimmere Tortur ist die Erfahrung, den Verlust der Geltung feststellen zu müssen.

Jeder Mensch möchte sich bestätigt fühlen und anerkannt wissen. Wer nicht anerkannt wird, also nichts gilt vor sich selbst und den Mitmenschen, empfindet das Leben als sinnlos. Und trotzdem sind viele Menschen in ihrem Geltungsstreben gehemmt. Sie haben Angst vor ihrem Drang nach Geltung und unterdrücken ihn. Wenn das Geltungsstreben gehemmt ist, wirkt ein Mensch äußerlich besonders unsicher. Er gibt sich demütig und unterwürfig.

Ein Beispiel soll die Angst vor der Entfaltung des Geltungsstrebens illustrieren.

Herr Buber ist in kleinbürgerlichen Verhältnissen aufgewachsen. Er ist kaufmännischer Angestellter und gilt unter seinen Kollegen als unterwürfig, demütig und bescheiden. Diese Eigenschaften führen dazu, dass Herr Buber von seinen – in ihrem Geltungsbedürfnis ungehemmteren – Kollegen attackiert und gehänselt wird. Er ist die Zielscheibe ihres Spotts, macht aber stets eine gute Miene zum bösen Spiel.

Nach Feierabend geht Herr Buber oft in einen Kegelklub, wo er beim Kegeln große Geschicklichkeit beweist. Während eines Betriebsausflugs wird eine Gaststätte aufgesucht, in der sich zufällig eine Kegelbahn befindet, und die Kollegen von Herrn Buber, die wenig Erfahrung im Kegeln haben, vergnügen sich beim Kegeln. Herr Buber macht natürlich begeistert mit. Was, glauben Sie, geschieht jetzt? Will Herr Buber nun einmal richtig demonstrieren, was er kann? Normalerweise würde man annehmen, dass er froh ist, sein Können zu zeigen – wenn sein Geltungsstreben nicht gehemmt wäre. Herr Buber kegelt unbewusst nicht besser als seine Kollegen, sondern eher schlechter. Er hat Angst zu zeigen, wie gut er kegeln kann. Er kann seine Fähigkeiten nicht ungehemmt entfalten, um die Rangordnung nicht durcheinander zu bringen.

Der Fall erscheint grotesk. Aber er zeigt anschaulich, welchen Einfluss ein gehemmtes Geltungsstreben auf das Leben eines Menschen haben kann. Das gehemmte Geltungsstreben äußert sich als Selbstunsicherheit. Tatsächlich kann ein gehemmter Mensch kein starkes Selbstbewusstsein zeigen. Er wird sich immer wieder in der Rolle des Unsicheren, Demütigen bestätigen. Natürlich macht ein gehemmtes Geltungsstreben nicht glücklich. Herr Buber beispielsweise ist mit seinem Verhalten und seiner Rolle unzufrieden. Aber er findet aus dieser Rolle nicht heraus, auch wenn er es sich bei klarer Überlegung vornehmen würde. Seine Geltungshemmung ist so tief und fest verwurzelt, dass sie durch Argumente über den Verstand nicht abgebaut werden kann. Herr Buber ist aus diesem Grund zur Mittelmäßigkeit ‹verurteilt›. Er müsste seine Vergangenheit aufarbeiten und eine neue Einstellung zu den Mitmenschen und zu sich selbst gewinnen, um selbstbewusster zu werden. Er müsste sein Selbstbewusstsein vor allem zeigen können. Aber gerade davor hat er Angst.

Die Angst vor den eigenen Impulsen und Wünschen führt zur ‹Verdrängung›. Diese Bezeichnung stammt von Anna Freud, der Tochter Sigmund Freuds, die das Werk ihres berühmten Vaters auf dem Gebiet der Abwehrmechanismen weiterentwickelte.

Die Verdrängung ist ein solcher Abwehrmechanismus. Was das ist, soll auf den folgenden Seiten erklärt werden, weil dieser Vorgang zum Verständnis des eigenen und fremden Seelenlebens sehr wichtig ist.

Ein Beispiel für den Abwehrmechanismus Verdrängung zeigt die Angst des Menschen vor sich selbst.

Der zehnjährige Paul wird von seiner Mutter unberechtigt geschlagen. Das lässt er sich nicht gefallen, und er beschimpft seine Mutter laut und aggressiv. Da die Mutter sehr empfindlich ist, ‹wehrt› sie sich wiederum gegen diese Aggression, indem sie Paul mit Nichtachtung bestraft. Sie spricht kaum noch mit ihm und erklärt ihm auch nicht den Grund für ihr Verhalten.

Der Entzug von Geborgenheit und Liebe ist für Paul eine fürchterliche Strafe. Als er drei Monate später wieder einmal ungerecht behandelt wird, wollen sich erneut aggressive Impulse melden. Aber Paul bekommt Angst vor den späteren Folgen, vor dem ‹Liebesentzug›. Seine Aggressivität wird nicht in die Tat umgesetzt, sondern abgewehrt und verdrängt.

Die Zeichnung zeigt schematisch, wie eine Verdrängung vor sich geht. Das Motiv (aggressives Handeln) steigt aus dem Unterbewusstsein ins Bewusstsein, aber es wird sofort aus dem Bewusstsein wieder ins Unterbewusstsein verdrängt:

Wenn Paul erwachsen ist, spielt sich – etwa gegenüber seinem Chef oder seiner Ehefrau – derselbe Verdrängungsmechanismus ab. Sobald er aggressive Impulse spürt, verdrängt er sie aus Angst vor Liebesverlust und Verlust der Geborgenheit. Er kann diese Folgen nicht ertragen und hält sich für ohnmächtig, etwas dagegen zu tun.

Nicht nur aggressive Impulse werden auf diese Weise verdrängt, auch sexuelle Bedürfnisse, sofern ein Sexualpartner (etwa durch die Ehe) als tabu gilt.

Die Verdrängung ist nicht der einzige Abwehrmechanismus. Es gibt viele Wege, die Wahrheit vor sich selbst zu verschleiern. Der Mensch kann sehr oft der Wahrheit nicht offen ins Gesicht blicken und gestaltet seine Erlebnisse und Erfahrungen deshalb nach seinen Wünschen um. Auf diese Weise erscheinen ihm sein Leben und seine Umwelt erträglicher.

Die meisten Menschen haben Angst vor wirklicher Selbsterkenntnis. Sie sind zwar neugierig zu erfahren, wie sie sind, aber sie wollen sich nur in ihrem positiven Selbstbild bestätigt sehen.

Machen Sie jetzt einmal ein interessantes Experiment. Entwerfen Sie Ihr Selbstbild, und vergleichen Sie es mit der Fremdeinschätzung Ihrer Mitmenschen. Das ist interessant und zeigt Ihnen, worin Sie sich eventuell über- oder unterschätzen. Zum Vergleich erfahren Sie, wie Sie von Ihren Mitmenschen eingeschätzt werden. Das muss natürlich keinesfalls der Realität entsprechen – vielleicht sind Sie ganz anders –, aber das Experiment gibt Ihnen die Möglichkeit, sich mit sich selbst und der Einschätzung Ihrer Mitmenschen auseinander zu setzen (wenn Sie die Einschätzung Ihrer Mitmenschen ziemlich kalt lässt, ist Ihr Selbstbewusstsein vom Urteil Ihrer Mitmenschen unabhängig).

Kreuzen Sie in der folgenden Tabelle an, wie die zehn aufgeführten Persönlichkeitseigenschaften nach Ihrer Meinung in Ihnen ausgeprägt sind.

Verbinden Sie die zehn Kreuze zu einer Profilkurve. Lassen Sie jetzt in der Tabelle ‹Fremdeinschätzung› die zehn Persönlichkeitseigenschaften von Freunden und Bekannten einschätzen. Ihre Bekannten sollen ankreuzen, wie sie Sie einschätzen. Natürlich sollen sie versuchen, ehrlich zu sein.

Selbsteinschätzung					
Name			Datum		
zehn Persönlichkeitseigenschaften	sehr stark	stark	durchschnittliche Tendenz nach stark	durchschnittliche Tendenz nach schwächer	schwächer
Selbstsicherheit				X	
Optimismus				X	
Vorsicht		X			
Unabhängigkeit				X	
Selbstlosigkeit				X	
Menschenkenntnis					
Belastbarkeit				X	
Toleranz			X		
Ehrgeiz	X				
Einfühlungsvermögen				X	

Fremdeinschätzung					
Name			Einschätzung von		
zehn Persönlichkeitseigenschaften	sehr stark	stark	durchschnittliche Tendenz nach stark	durchschnittliche Tendenz nach schwächer	schwächer
Selbstsicherheit					
Optimismus					
Vorsicht					
Unabhängigkeit					
Selbstlosigkeit					
Menschenkenntnis					
Belastbarkeit					
Toleranz					
Ehrgeiz					
Einfühlungsvermögen					

Sie werden feststellen, dass Sie von verschiedenen Personen ziemlich unterschiedlich eingeschätzt werden. Vergleichen Sie dann die Fremdeinschätzungen mit Ihrer Selbsteinschätzung. Auch hier werden Sie erstaunt sein, dass die Übereinstimmung nicht sehr groß ist.

Sicher haben Sie die Fremdeinschätzung Ihrer Freunde mit großer Neugier studiert. Vor allem dann, wenn Ihr Selbstbewusstsein gering ist, macht Sie jede negative Einschätzung unruhig und ärgerlich.

Ihre Selbstsicherheit ist gut ausgeprägt, wenn Sie die Fremdeinschätzungen als eine Möglichkeit der Selbsterfahrung betrachten, aber die Ergebnisse nicht überbewerten. Selbstsicherheit zeigt sich nämlich in weitgehender Unabhängigkeit vom Urteil der Mitmenschen. Der Selbstsichere hat keine Angst vor sich selbst und dem Urteil der anderen. Er entfaltet seine Eigenschaften, ohne über ihre Ausprägung nachzudenken, denn er fühlt sich mit sich selbst in Einklang.

Angst vor anderen Menschen

Die Fremdeinschätzung hat Ihnen gezeigt, ob Sie das Urteil Ihrer Mitmenschen fürchten. Diese Furcht entsteht, weil Sie glauben, eine negative Eigenschaft zu besitzen, die niemand entdecken soll. Sie entsteht auch, weil Sie einfach nicht damit fertig werden, nicht so gut beurteilt worden zu sein, wie Sie selbst gerne sein wollen. Das übergroße Wunschbild (aus Unsicherheit) wird eventuell zerstört. Vor dieser Erkenntnis steckt man gerne den Kopf in den Sand.

Angst vor Autorität

Weitreichende Folgen hat die Angst vor Mitmenschen, die als Autoritäten gelten. Diese Angst und die damit verknüpfte Selbstunsicherheit wird von den meisten als sehr unangenehm und störend erlebt. Wenige Menschen sind davon ganz frei. Der Grund für diese Tatsache ist die ‹autoritäre› Erziehung und die entsprechenden prägenden Erfahrungen in der Kindheit.

Ein Beispiel für die Autoritätsangst: Herr Meiners verliert stets sein Selbstbewusstsein, sobald er zu seinem Chef gerufen oder in einer Konferenz von seinem Chef angesprochen wird. Gegenüber seinen Kollegen tritt Herr Meiners durchaus selbstsicher auf, doch sobald der Chef auftaucht, bekommt er leichte Magenschmerzen, werden seine Handflächen feucht.

Herr Meiners hat diese Unsicherheit zum Glück nicht bei anderen Autoritäten, wie beispielsweise bei Chefs anderer Firmen, mit denen er manchmal verhandeln muss. Für die Autoritätsangst Herrn Meiners' gibt es eine Erklärung, die ihm selbst nicht bewusst ist.

Herr Meiners hatte in seiner Schulzeit einen Mathematiklehrer, der seinem Chef äußerlich ähnlich sah. Die Ähnlichkeit war jedoch nicht so stark, als dass sie Herrn Meiners direkt ins Auge sprang. Der Mathematiklehrer konnte den Schüler Meiners nicht leiden. Er benutzte seine Autorität, um ihn lächerlich zu machen. Der Schüler Meiners hatte schließlich solche Angst vor den Mathematikstunden, dass er an den Händen schwitzte, Magenschmerzen bekam und manchmal sogar die Stunden schwänzte. Im Zeugnis hatte der Schüler Meiners in Mathematik bei diesem Lehrer stets eine Fünf.

Den ehemaligen Lehrer hat Herr Meiners längst vergessen, aber in der Tiefe seiner Psyche sind die damaligen seelischen

Verletzungen noch gespeichert. Sobald er einer Autorität begegnet, die äußerlich dem ehemaligen Lehrer etwas gleicht, projiziert Herr Meiners unbewusst die Eigenschaften des Lehrers in diese Person – und es melden sich Angstsymptome.

Die Angst von Herrn Meiners war leicht aufzuklären. Es gibt jedoch viele Menschen, die nicht nur vor einem Autoritätstyp unsicher und ängstlich werden, sondern generell bei der Begegnung mit Autoritäten. Das ist der Fall, wenn jemand in seiner Kindheit und Jugend grundsätzlich von Autoritäten enttäuscht wurde, vom Vater, von Lehrern, von Polizisten, Lehrherrn und Chefs. Die generelle Angst vor Autoritäten ist natürlich viel schwerer zu heilen als die Angst vor einem speziellen Personentyp.

Angst vor Menschentypen

Es gibt aber nicht nur die Angst vor Autoritäten, sondern auch die Angst vor bestimmten Menschentypen. Ein Beispiel: Frau Ahlborn hatte in ihrer Jugend eine rothaarige Freundin, die ziemlich dick war. Von dieser Freundin wurde sie mehrmals sehr enttäuscht und bei einem Streit sogar geschlagen.

Eines Tages bekam Frau Ahlborn eine neue Kollegin – sie war rothaarig und ziemlich dick. Die Kollegin sah also der ehemaligen Freundin ähnlich. Was jetzt passierte, können Sie sich sicher denken. Frau Ahlborn verkrampfte sich jedes Mal, wenn sie der Kollegin auf dem Flur begegnete, und schwitzte am ganzen Körper. Sie konnte zu der Kollegin keine selbstsichere, natürliche Beziehung aufnehmen, sondern vermied jedes Gespräch. Zu ihren anderen Kolleginnen sagte sie: «Die ist mir wahnsinnig unsympathisch.»

Angst vor dem Selbstbewusstsein anderer

Und nun zu einer anderen Angst. Wer selbst nicht selbstbewusst ist, hat Angst vor dem Selbstbewusstsein anderer. Der Unsichere möchte aus seiner Unsicherheit herausfinden und umgibt sich deshalb gerne mit noch unsichereren Menschen: Selbstbewusste versucht er zu meiden, weil sie ihm mit ihrer Sicherheit Angst einjagen. In ihrer Gegenwart wird er sich seiner Unsicherheit besonders bewusst, und davor hat er Angst.

Folgen der Angst

Ein Beispiel für diese Angstreaktion und ihre Folgen: Die Ehepaare Müller und Reinek sind seit vier Jahren befreundet. Beide Ehepaare führen eine unglückliche Ehe, worüber auch manchmal diskutiert wurde. Das Ehepaar Reinek trennt sich, weil Herr Reinek eine Geliebte hat. Frau Müller hält zu Frau Reinek. Herr Reinek erzählt Herrn und Frau Müller von seiner Geliebten. Er schwärmt natürlich von ihr und möchte mit den Müllers einen Termin vereinbaren, um seine Geliebte vorzustellen.

Was passiert jetzt? Normalerweise müsste man annehmen, dass die Müllers mit kritischer Spannung die Vorstellung der Geliebten erwarten. Aber es kommt anders, weil Frau Müller als Ehefrau sehr unsicher ist. Sie sagt Herrn Reinek, sie wolle die Geliebte nicht sehen, auch auf die Gefahr hin, dass dann die Freundschaft zu Herrn Müller zerbricht.

Die Angst vor einer Frau, die es geschafft hat, die Reinek-Ehe zu trennen, war zu groß. Es meldete sich Frau Müllers Angst vor der Begegnung mit einer nach ihrer Empfindung starken

Frau. Sie wollte diese Frau nicht kennen lernen. Herr Reinek war darüber sehr enttäuscht und zog sich deswegen von dem ehemals befreundeten Ehepaar zurück.

Der Unsichere hat also Angst vor der Selbstsicherheit der Mitmenschen. Aber er hat auch Angst vor den ‹eigenen› Eigenschaften in seinen Mitmenschen. Eigenschaften und Einstellungen, die man in sich selbst entdeckt, werden auch bei den Mitmenschen vermutet.

Ein Beispiel: Herr Sommer ist ein Intrigant. Er spielt seine Kollegen gegenseitig aus, um sich dadurch Vorteile zu verschaffen. Da er stets nach Möglichkeiten der Intrige Ausschau hält, vermutet er, dass seine Kollegen – genauso wie er selbst – intrigieren. Er kann sich nicht vorstellen, dass die anderen nicht an Intrige denken. Aus diesem Grund hat Herr Sommer natürlich ständig Angst vor den Intrigen seiner Kollegen.

Das gilt auch für andere Eigenschaften. Wer selbst lügt, glaubt auch, dass er von anderen belogen wird. Wer seine Frau betrügt, ist rasend eifersüchtig, weil er glaubt, dass auch seine Frau ihn betrügt. Eigene Vorstellungen und Verhaltensweisen werden in andere Menschen projiziert. Das Unrecht, das man anderen tut, fällt auf einen selbst zurück: Es erzeugt die Angst, andere könnten einem noch mehr Unrecht zufügen.

Wer sich dagegen sozial und hilfsbereit verhält, fürchtet weniger das asoziale Verhalten seiner Mitmenschen; er fühlt sich sicherer, geborgener und angstfreier. Demnach ist das die richtige Basis für eine gute Selbstsicherheit.

Ist geringes Selbstbewusstsein angeboren?

Tiere besitzen mehr angeborene Eigenschaften als der Mensch. Sie sind instinktabhängiger und haben mit ihrer Selbstsicherheit wenig Probleme. Anders der Mensch – er ist freier und kann sich aus diesem Grund bilden und entfalten. Vor allem die Selbstsicherheit ist eine Eigenschaft, die ihm nicht als unabänderliches Schicksal in die Wiege gelegt wird. Trotzdem ist er nicht alleine seines Selbstbewusstseins Schmied, denn die Erfahrungen in Kindheit und Jugend beeinflussen das Selbstbewusstsein sehr stark. Darüber finden Sie mehr im zweiten Kapitel (‹Die Gründe für geringes Selbstbewusstsein›).

Es gibt also kein angeborenes geringes Selbstbewusstsein. Auch Menschen, die mit Körpermängeln (zum Beispiel Hasenscharte, Verkrüppelung) geboren werden, besitzen nicht zwangsläufig eine geringe Selbstsicherheit. Beobachten Sie einmal körperbehinderte Kinder, die im liebenden Schutz der Familie aufgewachsen sind. Sie sind durchaus selbstbewusst. Die Probleme kommen erst später, treten in der Schule, im Beruf auf, also dann, wenn die Umwelt ihre Behinderung als ‹minderwertig› behandelt. Erst jetzt leidet die Selbstsicherheit. Das muss nicht so sein, wenn vorbeugend das Selbstbewusstsein durch psychologische Behandlung gestärkt wird.

Selbstsicherheit hat auch nichts mit Intelligenz zu tun. ‹Unintelligente Menschen› sind bei theoretischen Problemen gehemmt und wenig selbstsicher, weil ihre Schwerfälligkeit oft verhöhnt wird. Sie bekommen einen ‹Intelligenzkomplex› und sind so entmutigt, dass sie aus Unsicherheit und Angst stets erneut versagen. Sie geraten in einen Teufelskreis, aus dem sie kaum noch entrinnen können. Da wenig intelligente

Jugendliche in unserem Schulsystem nicht entsprechend gefördert werden, wird ihr Selbstbewusstsein auf intellektuellem Gebiet stets angeknackst sein.

Hohe Intelligenz ist allerdings auch keine Garantie für große Selbstsicherheit. Im Gegenteil: Gerade unter besonders intelligenten Menschen (IQ über 130) befinden sich viele Selbstunsichere. Woran liegt das? Wer sehr intelligent ist, unterliegt der Gefahr, alles rationalisieren, analysieren und verstandesmäßig erfassen zu wollen. Darunter leidet die spontane Erlebnisfähigkeit. Dieser Mangel wird dem Intelligenten bewusst, und die daraus folgende Erkenntnis bedrückt ihn und macht ihn unsicher.

Außerdem besteht beim Intelligenten die Gefahr, dass er die Eigenschaft Intelligenz überbewertet. Ein Beispiel soll das illustrieren.

Der kleine Hans ist ein Einzelkind. Da die Erwachsenen sich besonders um ihn kümmern, wird er rechtzeitig gefördert und ist ein guter Schüler. Er entwickelt also bereits in frühen Jahren ein gutes intellektuelles Selbstbewusstsein. Das ist eine gute Voraussetzung für weitere erfolgreiche geistige Leistungen. Hans schafft also spielend sein Abitur und anschließend das rechtswissenschaftliche Studium. Hans ist zu einem reinen Verstandesmenschen geworden, weil er auf intellektuellem Gebiet erfolgreich war und ist und dies immer wieder bestätigt bekommt.

Auf emotionalem Gebiet war Hans dagegen stets sehr unsicher. Er konnte schlecht seine Gefühle zeigen und verlor deshalb mehr und mehr an Spontaneität. Da er keine emotionale Wärme ausstrahlte, sondern immer etwas unterkühlt intellektuell wirkte, waren ihm gegenüber auch seine Mitmenschen emotional etwas zurückhaltend. Deshalb suchte Hans Selbstbestätigung vor allem auf intellektuellem Gebiet; der emotionale Kontakt verlor für ihn immer mehr an Bedeutung. Auf diese Weise wurde seine Intelligenz für ihn immer wichtiger. Ein Misserfolg auf diesem Gebiet konnte er sich praktisch nicht ‹leisten›, da seine Persönlichkeit einseitig entfaltet war.

Die Folge: Hans wurde mit zunehmenden Jahren ein Intellektueller mit ‹Intelligenzkomplex›. Ein Versagen auf diesem Gebiet war für ihn unerträglich, da es seine einzige Entfaltungsmöglichkeit war. Hans versuchte also immer und überall, seine Intelligenz in den Vordergrund zu spielen. Das gab ihm Sicherheit, allerdings eine leicht antastbare Sicherheit, denn jeder Mißerfolg machte ihn deprimiert und unsicher. Seine Selbstsicherheit war demnach leicht zu zerstören, da sie durch Einbußen auf anderen seelischen Gebieten regelrecht ‹erkauft› worden war.

Etwas Ähnliches können Sie bei sehr hübschen Frauen beobachten. Sie werden in ihrer Schönheit von der Umwelt häufig bestätigt und beobachten deshalb ihr Aussehen mit viel größerer Aufmerksamkeit als durchschnittlich hübsche Frauen. Eine überdurchschnittlich schöne Frau verwendet daher häufig überdurchschnittlich viel Zeit für ihre Pflege (obwohl beispielsweise weniger Kosmetik manchmal mehr wäre). Solch eine Frau besitzt zwar viel Selbstsicherheit aus dem Lob der Mitmenschen, erkauft diese Selbstbestätigung aber oft mit einem ‹Schönheitskomplex›. Sie muss ihr Gesicht häufig im Spiegel überprüfen, verschwendet, wie gesagt, viel Zeit, um noch schöner zu sein, und verbraucht viel Geld für Kleidung. Die Fixierung auf das Aussehen kann dann so stark sein, dass daraus ein Narzissmus wird, und die Möglichkeit, zu einer gesunden Selbstsicherheit zu gelangen, wird somit verspielt.

Zweites Kapitel
Die Gründe für geringes Selbstbewusstsein

Geringes Selbstbewusstsein ist nicht angeboren, sondern im Laufe des Lebens entstanden. Nach welchem Gesetz? Die Antwort ist einfach: Durch enttäuschende Erlebnisse (Fachausdruck: Frustrationen). Die Stärke und Anzahl der Enttäuschungen ist dabei von enormer Bedeutung. Die enttäuschenden Erlebnisse müssen nicht zwangsläufig von anderen Personen verursacht worden sein, sie können auch vom eigenen Selbst ausgehen – man denke nur an das Versagen bei einer Prüfung, auf die man sich schlecht vorbereitet hat.

Berühmt ist in der psychologischen Wissenschaft die ‹Frustrations-Aggressions-Theorie› von Dollard und einigen anderen amerikanischen Psychologen, die besagt, dass Frustrationen (Enttäuschungen, seelische Verletzungen) Aggressionen auslösen. Aber Frustrationen lösen nicht nur Angriff und Aggression aus, sondern auch – wie neuere Forschungen gezeigt haben – Regression, Fixation, Abhängigkeitsverhalten, Rückzug, Apathie und psychosomatische Symptome.

Frustrationen sind die Ursache für geringes Selbstbewusstsein. Alle Minderwertigkeitsgefühle sind durch Frustrationen in der Kindheit, der Jugend und im späteren Erwachsenenalter entstanden. Unter erlebten Frustrationen leiden viele Menschen ein ganzes Leben, und durch ihr verletztes Selbstwertgefühl werden sie aggressiv und verletzen (frustrieren) wieder andere Menschen, die wiederum diese Frustration als

Aggression weitergeben (oder die Aggression gegen die eigene Person richten).

Die bisher gegebenen Erläuterungen in Bezug auf die Gründe für gering entwickeltes Selbstbewusstsein waren vielleicht etwas zu abstrakt. Um sie besser zu verstehen, folgen nun fünf Kapitel, die ausführlichere Erklärungen geben.

- Unterdrückende Erziehung
- Gehemmte Sexualität
- Gesellschaftsstruktur und Seelenverschmutzung
- Verhinderte Entfaltung
- Frustrationen im Umgang mit Menschen

In diesen Kapiteln wird erklärt, wie Frustrationen fortwährend die Entfaltung und Sicherheit des Menschen beeinträchtigen. Das Verständnis für diese psychologischen Zusammenhänge ist wichtig, wenn Sie Ihre Selbstsicherheit verbessern wollen. Es wird Ihnen dargelegt, dass es durchaus verständlich ist, wenn Sie kein gesundes Selbstbewusstsein besitzen. Das wird Sie beruhigen und kann Ihnen Mut geben, denn Sie werden sehen, dass Millionen Menschen die gleichen Probleme wie Sie haben. Wenn sie schließlich die Gründe für Ihre Minderwertigkeitsgefühle kennen, werden Sie sich dann auch schnell entschließen, sich mutig an die Verbesserung Ihres Selbstbewusstseins heranzumachen.

Unterdrückende Erziehung

Die Erziehung spielt eine entscheidende Rolle bei der Entstehung der Selbstsicherheit, aber auch der von Minderwertigkeitsgefühlen. Die Grundlage wird im Elternhaus gelegt. Von großer Bedeutung sind dann die Erlebnisse in der Grundschule, in der Pubertät und die ersten Jahre der Berufstätigkeit.

Normalerweise wächst ein Kind nicht in einem freiheitlichen Klima heran, denn sein natürlicher Entfaltungsdrang wird meist unterdrückt. Der Erziehungs- und Verhaltensstil von etwa 90 Prozent der Eltern, Lehrer, Chefs und sonstigen Bezugspersonen ist autoritär, trotz der seinerzeit stark aufkommenden Diskussion über die ‹antiautoritäre Erziehung›. Dieser Begriff hat aber auch Schaden angerichtet, weil viele Eltern durch Fernsehberichte über antiautoritäre und freie Erziehung erschreckt waren und damit Anarchie, Terror, Kriminalität und Aggression verknüpften.

Die Gedanken des englischen Schulleiters Neill, dem Protagonisten der antiautoritären Erziehung, sind trotz seiner hohen Buchauflagen leider nicht verstanden und angenommen worden. Und es wird noch lange dauern, bis seine Vorstellungen über eine antiautoritäre Erziehung in die Erziehungspraxis umgesetzt werden. Vorerst wird der Erziehungsstil der Eltern jedenfalls weiterhin autoritär bleiben. Und autoritär wurden auch 90 Prozent der Leser dieses Buches erzogen. Unter dieser Erziehung leiden wir alle (ich schließe mich nicht aus), und aufgrund dieser Erziehung ist unser Selbstbewusstsein nicht so beschaffen, wie es idealerweise sein sollte.

Ein Beispiel für die Verhinderung von Entfaltung und Selbstsicherheit aus dem Erziehungsalltag, mit dem Eltern aller Generationen konfrontiert werden: Familie Mindler hat eine fünfjährige Tochter. Sie heißt Gaby. Zum Geburtstag erhält sie einen Kasten mit Filzstiften. Gaby malt ein Bild und läuft damit zur Mutter, um ihr die Zeichnung zu zeigen. Was passiert? Frau Mindler ist von dem Bild enttäuscht, sagt aber – im günstigsten Fall: «Schön, mal weiter so.» Aber sie beschäftigt sich nicht näher mit dem Bild.

Gaby versucht ein Gespräch und sagt: «Das ist eine Katze unter dem Baum, und hier ist die Sonne.» Die Mutter sagt bestenfalls: «Wo sind die Blumen? Du solltest noch einige Blumen dazumalen.»

Eltern sind meist von Kinderzeichnungen enttäuscht, weil sie die Qualität mit dem Maßstab der Erwachsenenästhetik messen. Das ist falsch. Das Kind spürt unbewusst die enttäuschte, uninteressierte Reaktion der Eltern, auch wenn die Mutter sagt: «Schön, mal weiter so.» Häufiger sagen die Mütter: «Mal weiter und störe mich nicht.» Die Folge: Das Kind fühlt sich nicht bestätigt.

Würde man ein Jahr lang die Erziehungsweise der Eltern beobachten und jedes Lob und jeden Tadel zählen, würde man entdecken, dass auf ein Lob zehn tadelnde Bemerkungen kommen. Eine Umfrage unter deutschen Eltern hat gezeigt, dass viele Eltern eher geneigt sind, zu strafen als zu loben. Manche glauben sogar, dass die Erziehung ihrer Kinder auch ohne Lob möglich sei. Das geht natürlich an der Seele des Kindes nicht spurlos vorbei. Wie soll es sich für wertvoll halten, wenn es so viel falsch macht, wenn so wenig lobenswert ist?

Erwachsene und besonders Kinder können ihre Möglichkeiten nur dann voll entfalten, wenn sie das Gefühl haben, dass ihnen etwas zugetraut wird. Dies geschieht am besten dadurch, dass man sie anerkennt und lobt.

Der amerikanische Psychologe Robert Rosenthal führte dazu ein interessantes Experiment durch. Er testete zunächst die Intelligenz von vierhundert Schülern. Dann wählte er ganz willkürlich – und ohne das Ergebnis des Intelligenztests zu berücksichtigen – Schüler aus, die er den Lehrern als besonders intelligent vorstellte.

Als Rosenthal die vierhundert Schüler nach einiger Zeit nochmals testete, zeigte sich bei den als besonders intelligent bezeichneten Schülern ein Leistungszuwachs, der bis zu 50 Prozent größer war als bei den übrigen Schülern.

Die Erklärung dafür ist inzwischen sehr populär geworden und wird als ‹Rosenthal-Effekt› bezeichnet. Die Lehrer hatten den herausgestellten Kindern gegenüber positive Erwartungen – sie erwarteten gute Leistungen. Aufgrund dieses Vorurteils lobten sie jeden Ansatz einer guten Leistung, während sie kleinere Fehler ‹übersahen›. Bei den Schülern wiederum wirkte sich die positive Einstellung der Lehrer so aus, dass ihr Selbstvertrauen wuchs und sie demzufolge mehr leisteten.

Ein Lob kann weder zehn Tadel noch zehn Strafen ausgleichen. Und gestraft wird viel und hart, weil die Eltern glauben, dass nur so ein ‹ordentlicher Mensch› entsteht. Sie wissen nicht, dass sie so ihr Kind dressieren und unterdrücken, ahnen nicht, dass sie so sein Selbstbewusstsein zerstören und dadurch seine Aggressivität fördern. Sie machen so aus ihrem Kind entweder einen unterwürfigen Diener jeglicher Autorität, der seine Wut später an ‹Sündenböcken› (Ehepartner, Kindern) auslässt, oder einen aggressiven, mit Leistung seine Minderwertigkeitsgefühle kompensierenden Karrieretyp. – Im zweiten Fall halten sie ihre Erziehung dann auch noch für besonders gelungen.

Aber der autoritäre Erziehungsstil schafft auch den aggressiven Kriminellen, der egoistisch seine Minderwertigkeitsgefühle durch den Gewaltakt des Verbrechens zu kompensieren sucht. In diesem Fall stehen die biederen Eltern ratlos vor ihrem Erziehungsprodukt. Zu ihrer Entschuldigung muss die Vererbung herhalten: «Von wem hat er das geerbt?» Er hat es nicht geerbt, sondern ist in diese Kompensationsweise durch die Erfahrungen mit seiner Umwelt hineingeraten.

Der Kriminelle besitzt genug Vitalität und Lebensenergie, um in einem unvernünftigen Gewaltakt die ganze Misere seiner Situation und die Erniedrigung seiner Person auszugleichen. Er versucht es wenigstens, und die Chancen stehen dann teilweise nicht einmal so schlecht. Selbstbewusstsein kann er dadurch jedoch nicht erringen – das wird ihm spätestens auf der Flucht bzw. vor Gericht klar.

Die Folgen der autoritären Erziehung sind jedoch in der Regel nicht Kriminalität, sondern Anpassung und Leistungsehrgeiz. Wäre Kriminalität die Regel, hätte sich dieser Erziehungsstil nicht durchsetzen können.

Gehemmte Sexualität

Die Erziehung ist autoritär, vorwiegend tadelnd, und sie dressiert das Kind. Zu diesem Ergebnis bin ich nach der Analyse der deutschen Erziehungssituation gekommen. Die Sexualerziehung wiederum ist trotz ‹Sexwelle› und Freigabe der Pornographie nicht viel besser geworden. Allgemein herrscht immer noch eine sexualfeindliche Moral. Dabei wird vor allem eines nicht verstanden und anerkannt: Auch das Kind hat bereits sexuelle Impulse – Impulse, die nicht unterdrückt werden dürfen.

Das Klima von etwa 70 Prozent aller Ehen ist sexualfeindlich und unsinnlich. Diese Prozentangabe ist eine Schätzung, die auf meiner persönlichen Erfahrung als Psychologe beruht. Da eine freie Entfaltung der sexuellen Strebungen zur psychischen Gesundheit nötig ist, kann daher geschlossen werden, dass 70 Prozent der Ehepaare psychisch leiden und kein gesundes Selbstbewusstsein entwickeln können.

Aber es ist ja nicht die gestörte Sexualität allein, sondern es sind die Einflüsse der unterdrückenden Erziehung, die Einflüsse der Gesellschaftsstruktur sowie die verhinderte Entfaltung und die Frustration im Umgang mit frustrierten Mitmenschen, die zusammenwirken und ein ungestörtes Selbstbewusstsein nicht zulassen.

Die Situation erscheint ziemlich ausweglos. Wie soll sich der Einzelne in diesem Zusammenspiel von hemmenden Faktoren entfalten können? Das ist nur möglich über eine gedankliche Neuorientierung, über den Weg einer Bewusstseinsveränderung. Gedanken und Einstellungen sind die Wegbereiter der Tat.

Ein Beispiel soll das illustrieren. Eine Mutter besucht die Praxis eines Psychologen, weil sie festgestellt hat, dass ihr Sohn onaniert. Da sie selbst sexuell gehemmt ist, ist sie gegen die Selbstbefriedigung eingestellt. Der Psychologe rät ihr jedoch, den Jungen weiter onanieren zu lassen und ihn in seinen Bemühungen, ein Mädchen zur Freundin zu gewinnen, zu unterstützen.

Millionen Mütter gehen nicht zum Psychologen, wenn sie feststellen, dass ihr Kind onaniert. Sie drohen stattdessen:

«Lass das sein, davon wirst du krank.» Trotz Aufklärung hat sich dieses Vorurteil einer sexualfeindlichen Moral immer noch halten können. Dass trotzdem einmal eine Mutter einen Psychologen um Rat fragt, zeigt jedoch, dass sich langsam eine kleine Bewusstseinsveränderung vollzieht. Wäre die Mutter jedoch wirklich sexuell ungehemmt gewesen, hätte sie den Rat des Psychologen nicht gebraucht. So dient ihr dieser Rat als Entlastung für ihre Schuldgefühle, die sich immer noch einstellen, wenn sie ihr Kind diesbezüglich gewähren lässt.

Das Onaniebeispiel ist typisch für die ganze Situation. Die sexuellen Strebungen können sich nicht ungehemmt im Alltag entfalten. Ich begrüße es, dass Pornographie gekauft werden kann, weil es für viele verklemmte Menschen eine Bereicherung ist und zur Entfaltung ihrer aufgestauten Wünsche etwas beitragen kann. Aber dass Pornographie überhaupt ein solch immenses Geschäft für ihre Produzenten sein kann, zeigt doch, wie viel Gehemmtheit und Unterdrückung es immer noch gibt.

Ein Mensch, der seine Sexualität ungehemmt ausleben kann, ist an Pornographie wenig interessiert. Er braucht sie weder zur Stimulation seiner Ehe noch als Onaniervorlage.

Warum ist die Sexualität so vieler Menschen so unterdrückt und gehemmt? Warum sind so viele Ehepaare sexuell unzufrieden oder aneinander desinteressiert? Warum lassen sie ihr Selbstbewusstsein dadurch so drücken?

Die Erziehung hemmt die Entfaltung der körperlichen Sinnlichkeit und der Liebesfähigkeit. In unserer Kultur wird zum Egoismus und zum Konkurrenzdenken erzogen. Ein Mensch soll vor allem Wissen erwerben, um im Beruf seinen Mann zu stehen. Die körperliche und die intellektuelle Leistung stehen weit oben in der Werteskala.

Die Erziehung fördert den Egoismus – nicht der Charakter wird belohnt, sondern die Leistung. In der Schule muss sich jedes Kind gegenüber den Leistungen der anderen Kinder behaupten, es muss versuchen, besser zu sein.

Gesellschaftsstruktur und Seelenverschmutzung

Dass die Verschmutzung und Vergiftung der Umwelt gestoppt werden muss, ist uns in den letzten Jahren glücklicherweise immer bewusster geworden. Hier hat gerade die Presse ihre Aufgabe hinsichtlich Information und Aufklärung wirkungsvoll geleistet. Eine andere Bedrohung, die unsichtbarer und geheimnisvoller vor sich geht, bleibt dagegen nach wie vor im Dunkeln – die Verschmutzung und Vergiftung der menschlichen Psyche. Darüber schreibt der Psychologe Jürgen vom Scheidt 1973 in seinem beachtenswerten Buch *Innenwelt-Verschmutzung*: «Umweltverschmutzung ist ein Monstrum, das von außen her unsere Existenz bedroht. In zunehmendem Maße wird man nun darauf aufmerksam, dass es auch eine ‹Verschmutzung› der menschlichen Seele gibt, die uns inzwischen weit mehr bedroht.»

Wie schwierig das Problem ist, zeigt die unbewusste Beeinflussung durch Filme mit aggressiver Handlung. Eine Untersuchung des Wissenschaftlers Schönbach über die Nachwirkungen eines James-Bond- und eines Mary-Poppins-Films zeigt, dass die Aggressivität der Zuschauer nach dem James-Bond-Spektakel stieg, während sie nach dem Mary-Poppins-Film auf ihrem Ausgangspunkt blieb. Aggressive Filmhelden fördern demnach durch die Identifikation mit ihnen aggressives Verhalten. Gewalt und Folter durften stets gezeigt werden, aber der nackte Mensch war bis Ende der sechziger Jahre auf dem Fernsehschirm verpönt. Das ist Psychohygiene am falschen Platz. Der nackte menschliche Körper richtet weder in der Seele eines Kindes noch in der Erwachsenenpsyche Schaden an, während das bei Filmen, die Gewalt verherrlichen, durchaus der Fall ist. Gegen diese Darstellung der Gewalt wird leider selten protestiert, obwohl es manchmal angebracht wäre: Nach einer Untersuchung der amerikanischen Regierung nimmt die Zahl der Fernsehfilme mit gewalttätigem Inhalt von Jahr zu Jahr zu.

Jugendliche sind der Beeinflussung durch ‹geheime Verführer› besonders hilflos ausgeliefert. Von Erwachsenen erwartet man dagegen ein Gefühl für Psychohygiene. In Wirklichkeit besitzen nur wenige einen Sinn für individuelle Psychohygiene.

Deutlich wird das vor allem bei der Zigarettenwerbung. «Selbstbewusste, glückliche, junge, optimistische Menschen rauchen ...» Es wird also nicht nur eine Zigarette verkauft, sondern Selbstbewusstsein, Glück, Jugendlichkeit und Optimismus. Schließlich wird der Mensch total abhängig vom Konsum: Ob Autos, Kosmetik, Zigaretten, Alkohol oder ob Designer-Möbel – all das (und noch viel mehr) ist notwendig, um ein vollwertiger, selbstbewusster, glücklicher Mensch zu sein. Auf dem Konsumweg sind jedoch Glück und Selbstbewusstsein nicht realisierbar.

Wenn jemand jedoch erst einmal von diesem Irrglauben besessen ist, kommt er davon schwer wieder los. Das ganze frustrierende Erziehungssystem macht ihn anfällig dafür, an das Konsumglück zu glauben. Er arbeitet und schuftet, um sich mit dem verdienten Geld Glück zu kaufen. Woher soll er wissen, dass das nicht geht? Niemand sagt ihm das, weder die wöchentliche Gesprächsrunde im Fernsehen noch die Werbung, die Politiker, Lehrer und Chefs. Die Psychologen und Therapeuten hingegen wissen um diese Fehlleitung, aber sie können sich zu selten äußern, weil sie meist so tief in der Therapiearbeit mit ihren Patienten stecken, dass kaum noch Zeit bleibt, um sich an die Öffentlichkeit zu wenden. Sie helfen jedoch gezielt dem einzelnen Patienten und versuchen somit auf diese Weise, auch der Gesellschaft zu helfen. Durch eine breite psychologische Aufklärung könnte daher in Zukunft dem Einzelnen und der Gesellschaft noch mehr als bisher geholfen werden.

Die schlimmsten Seelenverschmutzungen geschehen in der Kindheit. Zum Beispiel erlebt ein Kind die Einstellung der Eltern zum Leben. Eine optimistische Lebenseinstellung beeinflusst die Seele positiv. Wer in früher Jugend in einer angstfreien optimistischen Atmosphäre heranwuchs, hat den Optimismus und den Glauben an das Positive in sich aufgenommen. Und das wirkt sich aus: Auch in einer schwierigen Situation vertraut der Optimist auf einen guten Ausgang.

Der Pessimist ist dagegen schnell verzagt. Sein Pessimismus raubt ihm den Schwung, seine Probleme anzupacken. Der Pessimismus kann eine Seele vergiften, und die daraus resultierenden negativen Gedanken wirken sich sehr oft auf die Handlungen aus. Auch neigt der Pessimist schneller zu Depression und Resignation – und bringt sich dadurch selbst um den Erfolg.

Selbstbewusstsein und Optimismus sind eng miteinander verknüpft, genauso wie Minderwertigkeitsgefühle und Pessimismus. Zur Psychohygiene gehört: Umgeben Sie sich mit Personen, die durch ihren Optimismus ansteckend auf Sie wirken. Optimismus gibt Ihnen die Kraft, Schwierigkeiten zu überwinden und Frustrationen leichter zu verarbeiten.

Optimistische Gedanken wirken genauso ansteckend wie pessimistische. Der Optimismus gibt Ihnen Zuversicht und Kraft, während Pessimismus hoffnungs- und kraftlos macht. Der Pessimist hat sich mit seinen Minderwertigkeitsgefühlen abgefunden. Er glaubt nicht an seine Fähigkeiten und an den Erfolg von Plänen. Zu oft ist er durch negative Erfahrungen enttäuscht (frustriert) worden und hat daher keine positiven Erwartungen. Dadurch raubt er sich viel Lebensfreude.

Lebensfreude gehört zu einem ausgeprägten Selbstbewusstsein. Wer sich selbst akzeptieren kann, der hat auch die Fähigkeit, andere Menschen zu akzeptieren. Schon aus diesem Grund sollten Sie bei der Auswahl Ihrer Bekannten psychohygienisch denken. Freunde, die sich selbst nicht leiden können, haben auch Schwierigkeiten, Sie zu akzeptieren und Ihnen mit aufgeschlossener, optimistischer Freundlichkeit zu begegnen.

Sobald Ihr Selbstbewusstsein gewachsen ist, sind Sie gegen unsichere Pessimisten immuner geworden. Dann kann ihre Unsicherheit und Resignation Sie selbst weniger beeinflussen.

Verhinderte Entfaltung

Modernes Wohnen hemmt die kindliche Entfaltung. Das zeigt ein Bericht, den Pfarrer Martin Schröter vor einigen Jahren über eine Neubausiedlung erstellt hat. In der Siedlung wohnen über 20000 Menschen auf einem Quadratkilometer. Über 40 Prozent der Bewohner sind Kinder und Jugendliche bis zu sechzehn Jahren. Es gibt zwei Kindergärten mit insgesamt 190 Plätzen für etwa 2000 Kinder im Alter von drei bis sechs Jahren. Die Häuser, Türen, Fenster, Straßen, Wege, Zäune, Spielplätze und Sandkästen sind rechtwinklig angelegt. Die Kinder dürfen nicht auf den Rasen laufen.

Diese moderne Wohnart kann sich psychologisch in zwei Richtungen auswirken: Entweder erfolgt eine totale Anpassung an dieses Ordnungsgefüge, oder es kommt zu einem radikalen Ausbrechen, das zu einer Ablehnung jeder Ordnung führt. Beides ist gleich negativ für die Entwicklung eines gesunden Selbstbewusstseins.

Von fast jeder Stelle der Siedlung aus trifft der Blick auf Wände, Mauern, Beton, Glas, Stahl, weiße Holzrahmen. Grau ist der Grundton, grau sind die Häuserwände, grau die Straßen und Wege. Neben dem grünen Rasen sind parkende Autos die ‹hervorstechendsten› Farbtupfer. Wie soll sich in dieser Umgebung Phantasie entwickeln? Nichts kann hier die Kreativität anregen. Und gerade die Kreativität ist eine wichtige Möglichkeit zur Entfaltung des Selbstbewusstseins, weil sie zur Selbstbestätigung verhilft.

Die vorhandenen Kinderspielplätze haben ‹keine Geheimnisse›, ermöglichen demnach den Kindern nicht, Neues zu entdecken, etwas zu untersuchen oder zu erforschen. Die ersten bedenklichen Symptome haben sich schon eingestellt. Die Ärzte stellten ‹Pferchungsschäden› fest: Fresssucht und Kreislaufbeschwerden. Ein guter Anfang zur Besserung dieser Situation: Es wurden einige Abenteuerspielplätze angelegt.

Auch viele Erwachsene erfahren an ihren Arbeitsplätzen wenig Selbstbestätigung. Mangelnde Motivation und mangelnde Anerkennung ihrer geleisteten Arbeit tragen nicht gerade zu einer Steigerung ihres Selbstwertgefühls bei. Freiberuflich Beschäftigte hingegen fühlen sich eher durch ihre Arbeit befriedigt. Obwohl Freiberufler häufig einer extremen Stresssituation ausgesetzt sind, fühlen sie sich zufrieden, weil sie sich bestätigen.

Das Gefühl, bei den Mitmenschen anerkannt zu sein, spielt eine wichtige Rolle. Das Sozialprestige, das beispielsweise bei Ärzten und Rechtsanwälten sehr hoch ist, und die Möglichkeit, neue Menschen kennen zu lernen und anregende Gespräche zu führen, bringt sie dazu, sich ausgefüllt zu erleben und in ihrem Beruf einen Sinn – auch für andere – zu sehen. Dies alles bewirkt eine Steigerung des Selbstwertgefühls.

Die Möglichkeiten der Selbstverwirklichung sind immer häufiger auch im privaten Bereich eingeschränkt. Es gibt für den Einzelnen kaum noch Möglichkeiten, einer Entfremdung zu entgehen. Auch das Wohnen in riesigen Hochhäusern, die tägliche eintönige Fahrt zur Arbeit im Auto, die keine Kommunikation mit anderen zulässt, fördern Isolation und Vereinsamung. Der Geschichtsphilosoph und Historiker Arnold J. Toynbee hat in diesem Zusammenhang von der ‹dritten industriellen Revolution› – mit den Symptomen Vereinzelung, Entfremdung, Stress und Neurosen – gesprochen.

Im deutschen Konsum- und Wohlstandsalltag nimmt sich jede Stunde ein Mensch das Leben, und alle fünfzehn Minuten wird ein Selbstmordversuch registriert. Allein 1990 haben sich weit mehr als zehntausend Menschen in der Bundesrepublik Deutschland umgebracht. Weder bevorzugte Zeiten (die Nacht zum Montag) noch Wetterbedingungen (Föhn) oder Jahreszeiten sind nach Ansicht der Selbstmordforscher ausschlaggebend für den Entschluss, sich das Leben zu nehmen. Jedem Selbstmord geht meist eine Krankengeschichte voraus. Sie verläuft lautlos, jedoch keineswegs symptomlos: Der Mensch klagt über Einsamkeit und Lieblosigkeit der Umwelt. Oft aber klagt er gar nicht mehr, sondern ist apathisch und stumm.

Der Wiener Selbstmordforscher Gernot Sonneck hat schon vor langer Zeit festgestellt: «Kein Mensch, der genügend Liebe empfindet, wird sich umbringen.» Psychologisch bedeutet dies: Menschen ohne Liebe können ihr Selbstvertrauen nicht aufrechterhalten, weil sie keine Möglichkeiten zur Selbstverwirklichung mehr sehen. Das Schwanken des Selbstbewusstseins kann nicht nur so extreme Konsequenzen wie Selbstmordabsichten nach sich ziehen, sondern auch viele andere Reaktionen, wie Kontaktschwäche, Gehemmtheit, Stottern, Erröten, Impotenz, Sucht usw.

Die ungarische Psychologin Margarethe von Andics widmete ihre Dissertation der Frage: «Welche Gründe veranlassen die Menschen zum Selbstmord?»

Sie befragte einhundert Personen, die in Wien einen Selbstmordversuch hinter sich hatten, aber gerettet wurden. Als wesentliche Gründe gaben diese Menschen ihre Einsamkeit (Fehlen einer Gemeinschaft) an, die dazu führte, dass ihnen das Gefühl für den Sinn des Lebens verloren ging. Und keiner von ihnen hatte Freunde.

Die überwiegende Zahl der Selbstmörder stellten Menschen mit ungelernten Berufen. Ohne jede menschliche Beziehung, unfähig, aus ihrem Beruf Befriedigung zu gewinnen, fühlten sie einen nagenden Zweifel an ihrem eigenen Wert in sich aufsteigen. Das ist verständlich: Ohne Verantwortlichkeit kann sich kein starkes Selbstwertgefühl entwickeln. Daraus kann man sogar schließen, dass ein Selbstmörder mit seiner

Entscheidung das bisschen Selbstwertgefühl erhalten will, das ihm noch geblieben ist.

Frustrationen im Umgang mit Menschen

Frustrierende Erlebnisse (Enttäuschungen) erzeugen die Schwierigkeiten bei zwischenmenschlichen Beziehungen. Selbstbewusstsein zeigt sich nämlich im Kontakt zu den Mitmenschen. Jeder wird von den anderen taxiert und nach seinem Auftreten entsprechend behandelt.

Wer selbstbewusst wirkt, hat im Umgang mit den Mitmenschen mehr Erfolg; er kann sich besser behaupten und durchsetzen. Der weniger Selbstbewusste (Unsichere) wird dagegen nicht ganz ‹für voll genommen› und dementsprechend schnoddrig behandelt. Für den Unsicheren entsteht somit eine Teufelsspirale, aus der er nur schwer entrinnen kann.

Eine Spirale existiert auch für den Selbstsicheren. Für ihn ist es jedoch keine Teufelsspirale, sondern eine Spirale, die zur Bekräftigung seiner Selbstsicherheit führt. Die Behandlung durch die Mitmenschen entscheidet demnach auch über das Selbstbewusstsein. Eine Seite der Medaille: Je mehr Frustrationen ein Mensch im Laufe seines Lebens einstecken muss, umso unsicherer und ängstlicher wird er.

*Die Teufelsspirale
des Selbstunsicheren*

*Die Spirale
des Selbstsicheren*

So entsteht Konditionierung

Frustrationen können einen Menschen ‹konditionieren›. Was eine Konditionierung ist und wie sie entsteht, soll jetzt erklärt werden, um die Ängste der Mitmenschen und eigene Ängste besser zu verstehen.

Der amerikanische Psychologe und Begründer des Behaviorismus Watson führte ein berühmtes Experiment mit dem kleinen Albert durch.

Albert hatte einen etwas ungewöhnlichen Spielgefährten, eine weiße Ratte, zeigte also keine Angst vor diesem Nagetier. Als er wieder einmal mit ihr spielte, ertönte ein lauter, unerwarteter Gongschlag und erschreckte ihn stark. Nun ließ Watson immer den Gong ertönen, wenn Albert sich der Ratte näherte. Bei den ersten Malen zuckte Albert zusammen und weinte. Nach einigen Versuchen dieser Art löste bereits der Anblick der weißen Ratte in Albert Furcht aus, auch wenn kein Gongschlag ertönte. Albert hatte also ab einem bestimmten Zeitpunkt Angst vor der Ratte, hervorgerufen durch unangenehme Begleiterlebnisse (Gong).

Die Angst vor der weißen Ratte verallgemeinerte sich sogar. Albert hatte in Zukunft vor allen Ratten Angst, und sogar Kaninchen und Pelze lösten in ihm unbehagliche Gefühle aus. Seine Angst dehnte sich also auch auf Reize aus, die denen der weißen Ratte ähnlich waren.

Vorlieben und Abneigungen, Sympathie- und Antipathiegefühle entstehen auf die beschriebene Weise durch Konditionierung. Wenn ein Mensch häufig Versagens- und Enttäuschungserlebnisse erfährt, etwa beim Kontakt mit bestimmten Personengruppen, entsteht durch Konditionierung Angst vor diesen Personengruppen. Durch die Angst ist die Selbstsicherheit gegenüber den bestimmten Personengruppen herabgesetzt.

Ein Beispiel soll das illustrieren. Herr Mehnen war als Student sehr gesellig. Er studierte Philosophie und diskutierte gerne über den Existentialismus. Herr Mehnen wurde auf eine Party eingeladen, die unter anderem von fünf Juristen besucht wurde. Er begann auch hier mit einem Meinungsaustausch über den Existentialismus und wurde im Laufe der Diskussion von den Juristen angegriffen. Sie versuchten, seine Argumente lächerlich zu machen. Herrn Mehnen gelang es nicht, sich Anerkennung zu verschaffen. Er wurde durch die Angriffe nervös und kopflos. Seine Argumente wurden unlogischer und unsachlicher. Schließlich war die Diskussion nur noch peinlich, und Herr Mehnen verließ die Party mit einer schrecklichen ‹Wut im Bauch›.

Wie hat dieses Erlebnis bei Herrn Mehnen nachgewirkt? Herr Mehnen bekam in Zukunft ein unbehagliches Gefühl, wenn er in einer Diskussion erkannte, dass sein Gesprächspartner Jurist war. Er begegnete der Berufsgruppe Juristen mit besonderer Vorsicht und wurde sogar etwas unsicher. Schließlich fiel es ihm zunehmend schwerer, selbstbewusst zu diskutieren, und er brach deshalb diesbezügliche Gespräche möglichst schnell ab. Das Beispiel zeigt wieder, wie wenig der Mensch seine seelischen Prozesse beherrscht. Der Einfluss der Konditionierung ist ein verhaltenspsychologisches Naturgesetz, das wider alle Vernunft wirksam ist.

Wie kann man sich von Konditionierungen dieser Art befreien? Nicht durch Flucht, wie sie Herr Mehnen praktiziert hat. Konditionierungen können nur ‹gelöscht› werden, wenn man sich dem ehemals auslösenden Reiz allmählich erneut aussetzt. In unserem Fall sollte Herr Mehnen die Diskussion mit Juristen weiterhin suchen. Nur auf diese Weise gibt er der Konditionierung die Chance, gelöscht zu werden. Indem er sich also erneut den ehemals frustrierenden Reizen aussetzt, werden sie dadurch allmählich neutralisiert – aber nur dann, wenn die Frustration ausbleibt.

Wer Angst vor Fahrstühlen hat und dann wirklich einmal ein schreckliches Unglück gerade noch überlebt, der wird eine so starke seelische Verletzung davontragen, dass er wohl kaum wieder einen Fahrstuhl benutzen wird. Auch Herr Mehnen könnte das Pech haben, dass er immer wieder von Juristen angegriffen wird. Auf diese Weise würde die Konditionierung natürlich gestärkt und nicht gelöscht. Es besteht sogar die Gefahr der Generalisierung: Herr Mehnen könnte dann Angst vor Diskussionen überhaupt bekommen. Sein Selbstbewusstsein wäre dann auf diesem Gebiet sehr gestört.

Häufige Redeangst

Viele Menschen können nicht vor einer größeren Gruppe Menschen frei und ungehemmt reden. Ihr Selbstbewusstsein schrumpft vor dieser Aufgabe plötzlich zusammen. Woher kommt das? Der Grund liegt oft in der Schulzeit. Hier geschehen häufig die ersten frustrierenden Erlebnisse.

Ein Beispiel für die Redeangst vor Gruppen. Herr Breuer war ein schlechter Schüler. Das lag nicht an seiner mangelnden Intelligenz, sondern an seinen Tagträumereien. Im Unterricht schweiften seine Gedanken immer in Phantasiewelten ab.

Besonders einer seiner Lehrer bemerkte stets, wenn der Schüler Breuer träumte – und stellte ihm dann mit Hochgenuss eine Frage. Er sollte an die Tafel kommen und die Frage vor der ganzen Klasse beantworten. Der arme Schüler Breuer versagte stets kläglich. Mal lachte die Klasse, mal herrschte peinliches Schweigen. Da sich diese Erlebnisse oft wiederholten, wurde der Schüler immer unsicherer und verstockter. Er stand schließlich vor der Klasse und sagte gar nichts mehr. Er ließ den Spott seines Lehrers über sich ergehen und wartete stumm und geduldig, bis er wieder auf seinen Platz geschickt wurde.

Herr Breuer war durch dieses Erlebnis in der Schulzeit später beruflich sehr gehandikapt. Sobald er vor einer größeren Menschengruppe sprechen sollte (Referate während des Studiums, später Berichte in Konferenzen), wurde er sehr unsicher. Er spürte eine Sprechhemmung. Dass seine plötzlich auftretende Unsicherheit auf die Schulzeit zurückzuführen war, erfuhr er erst durch ein Gespräch mit einem Psychologen.

Der Ingenieur Breuer machte aufgrund seiner Intelligenz und Kreativität eine beachtliche Karriere in der Industrie. Zum Glück geriet er eines Tages an einen verständnisvollen Chef, der ihm bedeutete, dass er seine Fähigkeiten sehr schätze und lediglich die Redehemmung vor Gruppen als störend empfinde. Der Chef gab ihm den Rat, wegen dieser Störung seines Selbstbewusstseins einen Psychologen zu konsultieren.

Überwindung durch Verarbeitung

Der Therapeut fand nach wenigen Stunden den Grund. Durch die Verarbeitung der frustrierenden Schulerlebnisse wurde Herr Breuer nach und nach vor Gruppen mutiger und selbstbewusster. Seine ihm bisher unverständliche Hemmung konnte er überwinden.

Das Problem von Herrn Breuer war einfach zu lösen, weil es auf einem klaren und gut zu umreißenden Problem basierte. Viel heimtückischer und schwieriger zu behandeln sind Frustrationen, die generalisierende Wirkungen haben.

Ein Beispiel für schwerer zu fassende Frustrationen. Herr Vetter ist gehemmt, unsicher und ängstlich. Er ist 35 Jahre alt, kaufmännischer Angestellter und noch unverheiratet.

Die Gründe für das geringe Selbstbewusstsein Herrn Vetters lassen sich aus seiner Lebensgeschichte erklären, aber sie gehen nicht auf eine einzige klar erkennbare Frustration zurück. Herrn Vetters Kindheit und Jugend bestand aus vielen verschiedenen Frustrationen. Er wurde als drittes (unerwünschtes) Kind stets von seiner Mutter benachteiligt (der Vater starb ein Jahr nach seiner Geburt). Der Junge wurde stets herumgestoßen und kritisiert. Er konnte nichts und niemandem etwas recht machen. Passierte ihm einmal ein Missgeschick, wurde er besonders hart bestraft; außerdem wurde er ständig missachtet. So konnte er sein Geltungsstreben nicht entfalten. Von Anfang an erlebte er, dass seiner Person nur ein geringes Interesse entgegengebracht und ein geringer Wert beigemessen wurde.

In seinem Bedürfnis nach Anerkennung und Liebe wurde er also zurückgewiesen. Aus diesem Grund erlebte er sich als minderwertig und nicht liebenswert. Neben seinem Geltungsstreben wurde ein zweites elementares Bedürfnis frustriert: das Sexualstreben. Da Herr Vetter nicht gut aussah und gehemmt auftrat, fand er auch keine Frau, die sich wenigstens in Bezug auf Sexualität für ihn interessierte.

Seinen Sexualtrieb befriedigte er selbst oder bei Prostituierten. Auf diese Weise konnte er seine Liebesfähigkeit nie richtig entfalten. In seiner Seele häuften sich Frustrationserlebnisse in immer größerem Umfang. Sie wurden nicht durch positive Erlebnisse ausgeglichen.

So wurde Herr Vetter immer verbitterter und einsamer. Er fühlte sich so minderwertig, dass er keinen spontanen, liebevollen Kontakt zu Mitmenschen mehr aufnehmen konnte. Herr Vetter verhielt sich immer zurückhaltender und gehemmter, ordnete sich den Wünschen seiner Mitmenschen unter, um durch Anpassung möglichst Kritik zu vermeiden.

Herr Vetter fand auch keinen Chef, der ihn fördern wollte. Niemand gab ihm den Rat, einen Psychologen aufzusuchen. Von selbst kam Herr Vetter nicht auf diese Idee, denn er hatte alle Hoffnung auf Besserung seiner Situation aufgegeben.

Eine Hoffnung wäre für Herrn Vetter die Begegnung mit einer Frau, die ihn liebt. Da er jedoch so gehemmt und verbittert ist, dass er von sich aus nur schwer spontan zärtliche Impulse weitergeben kann, ist die Wahrscheinlichkeit, dass ihn die Beziehung zu einem liebenden Menschen heilen könnte, sehr gering.

Herr Vetter bleibt frustriert, gehemmt, ängstlich und verbittert. Auch wenn er an einer Buchhandlung vorbeiginge, würde ihm der Titel *Selbstbewusstsein* wenig Hoffnung machen. Könnte ihm die Lektüre helfen? Ja, er würde angeregt, über die Gründe seiner Minderwertigkeitsgefühle nachzudenken, und er könnte durch diesen beschriebenen Fall einen Vergleich zu seiner eigenen Situation ziehen. Er könnte wieder Hoffnung schöpfen. Die Hoffnung besteht in der Aufforderung zur Aktivität, seine Selbstunsicherheit zu überwinden. Die Erkenntnis, dass sie durch viele Frustrationen entstanden ist, ist sehr hilfreich.

Die Frustrationen können abgearbeitet werden – durch eine Erweiterung des Bewusstseins. Die Einstellung zu den erlebten

Frustrationen kann sich somit verändern. Aus Pessimismus kann Optimismus werden. Hoffnung auf Veränderung erzeugt den Mut, die Realität mit neuer Aktivität anzugehen.

Der Fall des Herrn Vetter klingt extrem und selten. In Wirklichkeit ist er jedoch sehr häufig. Millionen Menschen leiden unter denselben Problemen. Durch ihr unterdrücktes Geltungsstreben und ihr geringes Selbstbewusstsein verhalten sie sich angepasst und still. Niemand fühlt deshalb eine Veranlassung, ihnen zu helfen, zumal sie nicht nach Hilfe verlangen.

Auffallen werden Menschen, die aufgrund ihrer erlebten Frustrationen nicht angepasst reagieren (Flucht in die Bescheidenheit), sondern aggressiv (Flucht nach vorne). Durch ihre Aggressivität wirken sie zwar nicht sympathisch, aber sie ‹schaffen sich Luft›. Sie reagieren ihre erlebten Enttäuschungen ab, indem sie bewusst und unbewusst andere Menschen gleichfalls enttäuschen.

Ein Beispiel: Herr Buber hatte Ärger im Büro. Er wurde von einem Kunden aggressiv attackiert, fühlte jedoch Hemmungen, sich direkt zu verteidigen, weil einige Kollegen in der Nähe waren. Schließlich versuchte er, den aggressiven Kunden zu beschwichtigen – vergebens.

Herr Buber hat also ein unangenehmes, sein Selbstwertgefühl kränkendes Erlebnis unverarbeitet in sich angestaut.

Zu Hause reagiert er diesen Ärger hemmungslos an seiner Frau und seiner zehnjährigen Tochter ab. Seine Familie ist der ‹Sündenbock› für eine seelische Verletzung, die ein Kunde Herrn Buber zufügte. Psychologen ist dieser Vorgang als ‹Verschiebung› schon lange bekannt: Aggressive Wünsche werden an einem Ersatzobjekt befriedigt.

Die Verschiebung als Schemazeichnung

Im mitmenschlichen Kontakt geschieht dieser Prozess häufig. Frustrationen werden an andere Menschen (Sündenböcke) weitergegeben, die sie erneut weitergeben. Das ist oft eine nicht endende Kette.

Wenn sich bei einer Person die Verletzungen ihres Selbstwertgefühls zu stark häufen, kann es zum Verbrechen kommen. Der frustrierte Mensch gibt dann seine Frustrationen sogar als Mord weiter. Der Mord ist die stärkste Verletzung, die er einer anderen Person zufügen kann – er schafft für kurze Zeit Erleichterung. Die Strafe der Gesellschaft macht dieser Erleichterung allerdings schnell ein Ende.

Wer Frustrationen empfängt und sie weitergibt, ist in einem Kreis der Frustrationen eingeschlossen. Die weitergegebenen Frustrationen fallen irgendwann wieder als Frustration auf einen selbst zurück. Wie kann man sich diesem Kreis entziehen? Nicht durch passive Duldung, indem man widerspruchslos alles einsteckt. Eine Frustration kann auch aggressionsfrei durch Verständnis für die Situation und aktive, positive Lösungsbereitschaft verarbeitet werden. Das klingt sehr abstrakt. Wie sieht das in der Realität aus?

Herr Sanelli hatte Ärger im Büro. Er kommt gereizt nach Hause und versucht, mit seiner Frau einen Streit vom Zaun zu brechen. Frau Sanelli durchschaut die Situation und kann die Frustration, weil sie die Ursache versteht, richtig verarbeiten. Sie erkennt, dass die Gereiztheit eigentlich nicht ihrer Person gilt. Sie hat deshalb auch keinen Grund, nun ihrerseits kränkend (frustrierend) zu reagieren. Auf die Frustrationen ihres Mannes antwortet sie verständnis- und liebevoll. Herr Sanelli spürt, dass er zu Hause geborgen ist, und erzählt seinen Büroärger. Seine Frau unterstützt ihn kräftig dabei, indem sie das ärgerliche Problem mit ihm durchspricht. Auf diese Weise gewinnt Herr Sanelli sein angeknackstes Selbstbewusstsein zurück, und es besteht kein Grund mehr, die Frustration weiter an der Familie auszutoben.

Frustrationen können durch Verständnis und Liebe der Mitmenschen gemildert werden. Frustrationen erschüttern das Geltungsstreben und Selbstbewusstsein. Liebe stärkt dagegen die Geltung und das Selbstbewusstsein. Wer selbstbewusster werden will, sollte deshalb nicht hoffen, dass ihm mehr Selbstbewusstsein durch einige psychologische Tricks und Kniffe zufällt. Er muss selbst sehr aktiv werden und seine Einstellung umorientieren.

- Frustrationen müssen mit verständnisvollen Menschen besprochen werden. Sie dürfen nicht nach der ‹Sündenbockmethode› an anderen abreagiert werden, da diese Frustrationen auf einen selbst zurückfallen.

- Wer von seinen Mitmenschen Verständnis und Liebe erwartet, muss selbst verständnisvoll und liebesfähig sein.
- Um selbstbewusster zu werden, muss also das Verständnis wachsen und die Liebesfähigkeit gestärkt werden.

Wie erreicht man das? Darüber hat niemand in der Schule etwas gehört, obwohl es wichtig wäre für das Lebensglück des Einzelnen und für ein besseres Klima innerhalb der Gesellschaft. Doch wer könnte die Schulfächer ‹Selbstbewusstsein, Verständnis, Liebe› unterrichten? Dieser Lehrer müsste schon Psychologe und Psychotherapeut mit praktischer Erfahrung sein.

Die frustrierenden Erlebnisse des Alltags sind oft so groß, dass sich eine aggressions- und angstfreie Selbstsicherheit normalerweise kaum entfalten kann. Dieses Buch kann nur einen kleinen Beitrag dazu leisten. Es versucht, Sie wach zu machen und Verständnis für die Situation Ihrer Mitmenschen und für Ihre eigene Situation zu schaffen. Es kann Ihnen im zweiten Teil auch Ratschläge geben, die Sie jedoch nur mit viel Geduld und Ausdauer im Alltag näher an Ihr Ziel bringen.

Drittes Kapitel
Analyse der Minderwertigkeitskomplexe

Die verschiedenen Frustrationen wurden in den vorhergehenden Kapiteln ausführlich beschrieben. Aufgrund von Frustrationen in der Kindheit (zum Beispiel häufig tadelnde und strafende Autoritätspersonen) empfindet ein Kind Gefühle der Minderwertigkeit und Unterlegenheit. Minderwertigkeitsgefühle beziehen sich beispielsweise auf das Aussehen, die Intelligenz und die körperliche Geschicklichkeit. Diese Minderwertigkeitsgefühle können chronisch werden.

Ein Beispiel soll das illustrieren. Gisela war das dritte Kind unter fünf Geschwistern. Sie war klein und etwas dick. Alle anderen Geschwister sahen hübscher aus. So entwickelte sich Gisela zum ‹Aschenputtel›. Nie wurde ihr gesagt: «Du siehst heute aber hübsch aus.» Im Gegenteil, ihre Umwelt ließ sie spüren, dass sie ‹zu klein› und ‹zu dick› war.

Gisela hatte also häufig Minderwertigkeitsgefühle bezüglich ihres Aussehens. In der Pubertät und danach wurde Gisela jedoch hübscher. Sie wirkte sexuell sogar sehr anziehend, da sie eine ausgeprägt weibliche Figur entwickelte. Jetzt gab es für sie keinen Anlass mehr für Minderwertigkeitsgefühle. Die früheren Minderwertigkeitsgefühle wirkten jedoch noch nach. Gisela war deshalb nach wie vor sehr schüchtern und vorsichtig im Umgang mit anderen Menschen, da sie diesen Minderwertigkeitskomplex hatte.

Ein Minderwertigkeitskomplex muss sich natürlich nicht

nur auf die äußere Erscheinung beziehen, es gibt auch den Intelligenzkomplex (man hält sich für zu dumm), den Körperkomplex (man hält sich für zu schwach), den Gesundheitskomplex (man hält sich für kränklich) usw. Diese Komplexe hängen direkt mit der Selbstsicherheit zusammen. Wer einen Komplex auf einem Gebiet besitzt, hat hier sein Selbstbewusstsein eingebüßt.

Ein Komplex ist ein sehr ernst zu nehmendes Problem. Er erscheint den Mitmenschen manchmal irrational und unbegründet (etwa bei Gisela, als sie älter wurde und von Männern sehr umschwärmt war), ist aber trotzdem schwer zu beseitigen, weil die Prägungen der Vergangenheit mit enormer Kraft und Stärke auf die Gegenwart wirken.

Die Kompensation der Minderwertigkeitsgefühle

Der Freud-Schüler Alfred Adler entdeckte als erster Psychologe die große Bedeutung des Selbstbewusstseins und der Minderwertigkeitsgefühle. Deshalb wird seine Psychologie hier etwas näher erklärt.

Adler entdeckte die Bedeutung des Minderwertigkeitsgefühls zunächst an sich selbst. Als Junge behielt er von einer Rachitis einen Stimmritzenkrampf zurück. Das machte sich beim Weinen als Atemnot und Wegbleiben der Stimme bemerkbar. Außerdem war er klein und schmächtig.

Adler war der Zweitgeborene und erfuhr an sich selbst die Überlegenheit des ‹großen Bruders›. Dann wurde ein jüngerer Bruder geboren. Die Mutter musste sich jetzt mehr um diesen

‹Jüngsten› kümmern. Auch darunter litt er, wie Millionen andere Kinder. Er musste sich als Kind in sein Schicksal fügen, brachte jedoch später als Erwachsener die Kraft auf, seine Erlebnisse nachträglich in seiner psychologischen Tätigkeit zu verarbeiten und mit den daraus gewonnenen Erkenntnissen anderen Menschen zu helfen.

Adler erkannte, dass früh erlebte Minderwertigkeitsgefühle zum ‹Minderwertigkeitskomplex› werden können. Er entdeckte auch, dass jeder Mensch versucht, Minderwertigkeitsgefühle zu ‹kompensieren›. Das Geltungsstreben kann sich hierbei bis zum Größenwahn und zum Machtrausch steigern.

Das Geltungsstreben darf nicht zum Egoismus pervertieren. Es muss aufgefangen werden und in die richtige Bahn kommen. Das ist erreichbar durch die Förderung des ‹Gemeinschaftsgefühls›; die ‹Erziehung zur Gemeinschaft› ist die richtige Bewältigung der Minderwertigkeit. Das Geltungsstreben soll sich im Dienst an der Gemeinschaft erfüllen.

Während für Freud die Haupttriebfeder des Menschen in der Sexualität lag, sah Adler die Minderwertigkeitsgefühle und das dadurch angestachelte Geltungsstreben als ‹Haupttrieb›. Bei dem Kampf um Überwindung der Minderwertigkeitsgefühle prägen sich daher verstärkt bestimmte Eigenschaften aus, so zum Beispiel Trotz, leichte Zornausbrüche, Herrschsucht, aber auch Ängstlichkeit, Unterwürfigkeit und Unsicherheit.

Der psychisch gesunde Mensch spielt im Lebenskampf mutig mit und lebt zum Nutzen der Gemeinschaft. Wie überwindet er seine vorhandenen Minderwertigkeitsgefühle? Am Beispiel eines Stotterers kann gezeigt werden, welche drei Möglichkeiten sich bieten, diese Schwäche zu kompensieren:

- Der Stotterer besucht so lange therapeutische Sprachkurse,

bis sein Stottern verschwindet und er sogar ein ausgezeichneter Redner wird. Er strebt womöglich an, Rundfunksprecher zu werden.
- Das Stottern bleibt bestehen. Der Stotterer trainiert seine Sprachfähigkeit wenig, aber er strebt überdurchschnittliche Leistungen auf einem anderen Gebiet an, beispielsweise als Kunstmaler.
- Das Stottern bleibt bestehen, und der Betroffene flüchtet in die seelische Krankheit. Er kann durch seine Hilfsbedürftigkeit die Mitmenschen tyrannisieren und dadurch seinen Drang nach Macht und Überlegenheit befriedigen.

In jeder der drei Kompensationsmöglichkeiten setzt die erlebte Schwäche (Minderwertigkeit) seelische Energien frei. Die erste Kompensation ist besonders vorteilhaft, weil die Schwäche beseitigt wird, während die dritte Kompensation verfehlt ist, da der Gewinn an Überlegenheit sehr teuer für das allgemeine Lebensglück erkauft wird.

Durch die einzelnen Methoden der Kompensation wird eine Selbstheilung versucht. Sehr häufig ist im Alltag die zweite Kompensation: Überdurchschnittliche Leistungen werden auf einem anderen Gebiet angestrebt.

Viele Minderwertigkeitsgefühle gehen nicht direkt auf eine leicht sichtbare Organminderwertigkeit zurück (Stottern, Hasenscharte, Klumpfuß usw.), sondern sie sind in der Seele tief und unsichtbar verborgen. Oft wissen die betroffenen Personen selbst nicht, dass sie tief verwurzelte Minderwertigkeitskomplexe besitzen. Würde man es ihnen auf den Kopf zusagen, würden sie es spontan abstreiten.

Viele versuchen, ihre verborgenen Minderwertigkeitsgefühle in der Ehe und im Beruf zu kompensieren. Die Minderwertigkeitsgefühle und der Drang nach Geltung führen zu ehrgeizigen Leistungen und zu tyrannischem Verhalten in der (ehelichen) Partnerschaft. Wenn die Kompensation gelingt (Erfolg im Beruf, Partner lässt sich unterdrücken), dann ist das Minderwertigkeitsgefühl trotzdem noch vorhanden. Es treibt stets zu neuen Kompensationsleistungen an. Erst wenn es gelingen würde, den Minderwertigkeitskomplex bewusst zu machen und ihn zu akzeptieren, hätte die Seele ihren Frieden gefunden.

Wie der Körper bei Minderwertigkeitsgefühlen reagiert

Kinder werden leicht rot, wenn sie verlegen sind. Aber auch manche Erwachsene leiden noch unter dem Erröten, wenn sie unsicher werden. Die meisten haben jedoch gelernt, das Erröten zu beherrschen, um sich ihre Verlegenheit oder Angst nicht anmerken zu lassen. Der Körper reagiert dann jedoch mit (unter anderem) folgenden Symptomen:

- die Hautfeuchtigkeit nimmt zu,
- das Herz beginnt schneller zu schlagen,
- der Blutdruck steigt,
- der Atem geht schneller,
- kleine Schweißperlen bilden sich auf der Stirn,
- Schwäche in den Beinen (Gefühl, sich hinsetzen zu müssen),
- Schwindelgefühle durch Blutleere im Kopf,
- leichtes Zittern der Hände,

- Ziehen in der Magengegend,
- Übelkeit im Magen,
- Herzstiche.

Das vegetative Nervensystem

Für diese Reaktionen des Körpers ist das vegetative Nervensystem zuständig. Die unbewusst ablaufenden Vorgänge wie Atmung, Herzschlag, Kreislauf, Verdauung, Wasser- und Wärmehaushalt werden von diesem Nervensystem reguliert. Es hält lebensnotwendige Organfunktionen im Gleichgewicht.

Im vegetativen Nervensystem arbeiten zwei Systeme zusammen, das sympathische und das parasympathische. Durch Situationen, die einen Minderwertigkeitskomplex ansprechen (und dadurch entstehende Angst), wird in das Zusammenspiel des vegetativen Nervensystems eingegriffen. Deshalb lohnt es sich, dieses System etwas ausführlicher zu erklären, damit Sie wissen, was in Ihrem Körper bei auftretenden Minderwertigkeitsgefühlen geschieht.

Das bewirkt das sympathische Nervensystem:

- Herzschlag wird beschleunigt,
- Blutdruck steigt,
- Arterien werden erweitert (zum Beispiel Erröten),
- Leistungsfähigkeit der Muskeln wächst,
- Schweißsekretion wird angeregt,
- Atem wird schneller und tiefer,
- Pupillen werden weiter,
- Verdauung wird gehemmt,

- Adrenalin wird von den Nebennieren ausgeschüttet,
- Aktivität wird allgemein gesteigert.

Das bewirkt das parasympathische Nervensystem:

- Herzschlag wird verlangsamt,
- Blutdruck sinkt,
- Arterien werden verengt,
- Leistungsfähigkeit der Muskeln wird schwächer,
- Schweißsekretion wird gestoppt,
- Atem wird langsamer,
- Verdauung wird angeregt und gefördert,
- Aktivität wird vermindert, Ruhe und Entspannung wird angestrebt.

Im Normalfall funktionieren beide Nervensysteme im ausgeglichenen Zusammenspiel. Hat zum Beispiel das sympathische System längere Zeit gewirkt, sorgt das parasympathische System automatisch wieder für Ruhe und Regeneration. Die Atmung, der Herzschlag, die Verdauung und die Schweißsekretion – das funktioniert bei einem psychisch ausgeglichenen Menschen automatisch und normal.

Anders ist es, wenn ein Mensch nicht selbstbewusst ist, sondern Minderwertigkeitskomplexe hat, die Angst auslösen, sobald sie angesprochen werden. Dann gerät das vegetative Nervensystem aus seiner natürlichen Balance. Das sympathische oder das parasympathische System beginnt zu überwiegen, und es kommt zu Beschwerden (psychosomatische Symptome).

Ein Fall, der im Alltag sehr häufig ist, soll das illustrieren. Herr Hahn ist Verkaufsleiter. Er hat sich aufgrund seines Ehrgeizes mühsam, aber erfolgreich hochgearbeitet. Den ganzen Tag über hat er im Büro Magenschmerzen, die erst abends, wenn er vor dem Fernsehapparat ‹ausspannt›, nachlassen.

Herr Hahn geht zum Arzt und lässt seinen Magen untersuchen. Die Untersuchung ergibt jedoch keine direkte organische Ursache für die Magenschmerzen. Der Arzt: «Sie haben eine vegetativ bedingte Magenstörung. Passen Sie daher auf, dass die Magenbeschwerden nicht stärker werden und im schlimmsten Fall eines Tages zu einem Magengeschwür führen. – Gönnen Sie sich mehr Ruhe.»

Der Arzt hat Herrn Hahn mehr Ruhe empfohlen, um das aus dem Gleichgewicht geratene vegetative Nervensystem (der Parasympathikus regte die Verdauung zu häufig an) wieder in Balance zu bringen. Wie das jedoch geschehen soll, darüber kann der Arzt nur den sehr allgemeinen Rat geben: «Gönnen Sie sich mehr Ruhe.» Er hätte Herrn Hahn auch ein Psychopharmakon verschreiben können, das dämpfend und beruhigend wirkt. Aber damit wäre Herrn Hahn wenig geholfen, da er sein Symptom (Magenschmerzen) nur vorübergehend verloren hätte. Solange jedoch die Ursache für das Symptom (starker Ehrgeiz, Minderwertigkeitsgefühle, Prestigesucht) nicht beseitigt wird, haben Psychopharmaka wenig Sinn.

Nach einem halben Jahr werden die Magenschmerzen tatsächlich stärker, weil die Firma auf Wunsch von Herrn Hahn zu seiner Entlastung einen dynamischen Stellvertreter eingestellt hat. Der Stellvertreter erscheint Herrn Hahn so tüchtig, intelligent und kreativ, dass er (aufgrund seiner Minderwertigkeitsgefühle) um seine Machtstellung zu fürchten beginnt.

Herr Hahn geht erneut zu seinem Arzt und lässt sich untersuchen. Der Arzt überweist Herrn Hahn jetzt zu einem Psychotherapeuten. Er spürt, dass der Patient unter einer tiefer basierenden Unsicherheit leidet, die sein vegetatives Nervensystem aus der Balance gebracht hat.

Der hier beschriebene Fall ist sehr häufig. Viele Menschen reagieren mit unterschiedlichen Symptomen, etwa mit Darmbeschwerden, Herzschmerzen, Kreislaufstörungen (kalte Hände und Füße, Schwindelgefühle). Der Grund dafür, warum der eine Mensch diese Symptome entwickelt und ein anderer unter völlig anderen Symptomen leidet, ist schwer zu ermitteln. Manche Forscher nehmen an, dass jeder ein individuell schwaches Organ hat, das dann ganz besonders betroffen wird.

Manche neigen dazu, ihr sympathisches Nervensystem überwiegen zu lassen. Sie sind dadurch übertrieben fit und betriebsam, leiden unter hohem Blutdruck, spüren ihren beschleunigten Herzschlag und geraten schnell ins Schwitzen.

Andere Menschen neigen dazu, ihr parasympathisches Nervensystem überwiegen zu lassen. Sie streben stets Ruhe und Entspannung an. Ihr Herzschlag geht langsam, ihr Blutdruck ist sehr niedrig, und sie leiden unter kalten Händen und Füßen, weil die Arterien zu sehr verengt sind. Ihr Ruhebedürfnis ist eine Methode, um den Stress des Alltags weniger an sich heranzulassen. Da der Magen jedoch zur Verdauung angeregt wird, entsteht eine Überproduktion an Magensäure. Das führt leicht zu Gastritis, Magenschmerzen und schließlich zu Magengeschwüren.

Das ist jedoch nicht die einzige Möglichkeit, die zu einem Magengeschwür führt. Es gibt noch viele andere psychisch bedingte Ursachen, beispielsweise ein starkes Liebesbedürfnis, das nicht befriedigt wird. In der Kindheit ist die Nahrungsaufnahme mit Liebe und Zärtlichkeit gekoppelt. Jedes Mal, wenn ein Verlangen nach Liebe erwacht, wird auch die Magensaftsekretion angeregt, und es kommt zu Magenschmerzen, sofern nichts gegessen wird. Wer also in späteren Jahren die Möglichkeit hat, stets seinen Magen zu füllen, der ist vor einem Magengeschwür ziemlich sicher, aber er isst sich den so genannten Kummerspeck an.

Darmgeschwüre entstehen nach Meinung von Psychosomatikern weniger aufgrund von Minderwertigkeitsgefühlen und geringem Selbstbewusstsein, sondern durch unbewusste Schuldgefühle (die ihrerseits die Selbstsicherheit beeinträchtigen), die zu einem Krampf der Muskulatur des Darms führen. Es kommt zur Zerstörung der Darmschleimhaut, weil sich die Arterien durch die verkrampfte Muskulatur stark verengen und sogar schließen.

Diese beschriebenen psychosomatischen Symptome zeigen den engen Zusammenhang zwischen Körper und Seele. Auch wenn der Verstand etwas verdrängen will, lässt sich der Körper davon nicht betrügen, sondern reagiert, wie er reagieren muss – und das geschieht teilweise sehr heftig.

Wenn Sie unter den beschriebenen oder anderen körperlichen Symptomen leiden, sollten Sie zunächst zu ihrem Hausarzt gehen. Er untersucht, ob eine organische Ursache ausgeschlossen werden kann. Sind Ihre Beschwerden ‹vegetativ› (psychosomatisch) begründet, dann sollten Sie unbedingt ein Gespräch mit einem Psychologen oder Psychotherapeuten führen.

Im übernächsten Kapitel finden Sie mehr über die Heilungschancen der Psychotherapie.

Viertes Kapitel
Analyse Ihrer Situation

Bisher ist das Problem ‹Selbstbewusstsein› von verschiedenen Seiten psychologisch beleuchtet worden. Die beschriebenen Fallbeispiele haben Ihnen gezeigt, welche Auswirkungen ein geringes Selbstbewusstsein haben kann und welche psychischen und körperlichen Prozesse sich dabei abspielen.

Aufgrund der in meiner Praxis gemachten Erfahrungen besitzen 90 Prozent der Menschen zwangsläufig ein geringes Selbstbewusstsein, weil sie aufgrund der üblichen Erziehungssituation zu häufig frustriert und an ihrer Entfaltung gehindert worden sind.

Sie haben dieses Buch nicht zuletzt deshalb erworben, um Ansatzpunkte und Möglichkeiten dafür zu finden, wie Sie Ihr Selbstbewusstsein verbessern können. Ist das für einen Erwachsenen überhaupt möglich? Ja! Aber es ist nur dann möglich, wenn Sie aktiv mitarbeiten. Sollten Sie das Buch nur passiv durchlesen, wird Ihr Selbstbewusstsein davon nicht wesentlich stärker. Einen Gewinn ziehen Sie allerdings auch durch das bloße Durchlesen: Sie vertiefen dabei Ihre psychologischen Kenntnisse, und es wird Sie erleichtern, wenn Sie feststellen, dass nicht nur Sie unter geringem Selbstbewusstsein leiden, sondern Millionen Ihrer Mitmenschen auch.

Diese Erleichterung ist sehr nützlich. Aber im Alltagsstress vergessen Sie das schnell wieder, wenn Sie sich nicht vornehmen, Ihr Verhalten in Zukunft aktiv darauf einzustellen und aktiv an der Veränderung Ihrer bisherigen Denkweise mitzuarbeiten.

Den ersten Schritt zum Aufbau Ihres Selbstbewusstseins haben Sie getan. Der zweite Schritt führt Sie zur Analyse Ihrer individuellen Situation. Dieser Schritt ist noch recht einfach. Aber bereits jetzt werden Sie zur Aktivität aufgefordert. Der letzte und schwierigste Schritt führt Sie zur Veränderung Ihres Bewusstseins. Die Analyse Ihrer Situation ist dazu die Voraussetzung.

Nehmen Sie zunächst einmal ein unliniertes Heft zur Hand. Sie sollten jetzt vieles notieren, wenn Sie sich über Ihre Situation klarer werden. Durch diese Notizen prägen Sie sich Ihre Probleme besser ein, die Ihr Bewusstsein im Alltag verdrängen will.

Nun versetzen Sie sich in Ihre Kindheit: Denken Sie an Ihr frühestes Erlebnis, das Ihnen noch im Gedächtnis ist. Schreiben Sie es auf. Überlegen Sie, warum Sie sich gerade an dieses Erlebnis noch erinnern. Das kann bereits ein wichtiger Schlüssel zu Ihrer Seele sein.

Und jetzt machen Sie ein ‹Assoziationsexperiment›. Lesen Sie die ganze Anweisung und das Beispiel durch. Erst dann beginnen Sie mit dem Assoziationsexperiment.

Die folgenden Wörter sind psychologisch interessant: Vater, Mutter, Geschwister, Haus, Liebe, Ehe, Beruf, Autorität, Angst, Schuld, Hoffnung, Freude, Sorge, Sehnsucht, Leid, Kampf, Glück, Macht. Zu diesen Wörtern wird Ihnen jetzt manches spontan einfallen. Das schreiben Sie in Ihr Heft.

Herr Munzinger (22 Jahre alt) schrieb zum Beispiel Folgendes in sein Heft:

Analyse Ihrer Situation

Vater: Egoist. Ließ sich scheiden, hat sich nicht um mich gekümmert.
Mutter: Liebe. Wollte das Beste. Wollte mich nicht weglassen. Gute Frau. Versteht meine Wünsche nicht.
Geschwister: Keine.
Haus: Wurde von meiner Mutter geschlagen, weil ich eine Vase umwarf. Habe als Kind an der Türe gelauscht, wenn sich die Erwachsenen unterhalten haben.
Liebe: Sehne mich nach Liebe. Möchte geliebt werden.
Lieblosigkeit: Dieses Wort weckt in mir äußerst unangenehme Gefühle.
Ehe: Ich möchte heiraten. Ich habe Angst vor der Ehe.
Beruf: Die Arbeit ist eine Qual. Ich möchte selbständiger sein, Millionär werden. Eine gute Idee sollte man haben.
Autorität: Wenn der Chef mir zusieht, schwitze ich an den Händen. Ich will überlegen sein, mehr können, richtig mutig meine Meinung sagen. Aber die lassen mich nicht zu Wort kommen. Sie sind besser als ich. Ich fühle mich nicht so wichtig. Sie nützen ihre Macht aus: Ich habe Angst.
Angst: Kollege Erwin, denn der macht sich lustig über mich. Krankheit. Spinnen und Schlangen. Man nimmt mich nicht ernst. Ich kann nichts erreichen.
Schuld: Ich bin egoistisch. Ich will mit meiner Mutter nichts mehr zu tun haben. Ich will frei sein. Sexualität.
Hoffnung: Ich werde Millionär. Ich habe eine Yacht.
Freude: Fernsehen. Gisela. Spaziergang.
Sorge: Krankheit. Wie soll das weitergehen? Was sagt meine Mutter, wenn ich mir eine eigene Wohnung nehmen will?
Sehnsucht: Freiheit und Liebe auf einer Wiese. Wir schwimmen in einem Fluss und braten am Ufer die gefangenen Fische.

Leid: Ich bin krank. Meine Mutter stirbt. Ich bin im Gefängnis.
Kampf: Ich gebe meinem Chef eine Ohrfeige. Fühle mich als Nero und lasse meine Feinde verbrennen.
Glück: Lottogewinn. Schöner Urlaub. Meine Mutter heiratet wieder.
Macht: Ich möchte ein berühmter Staatsmann sein. Die Menschen jubeln mir zu. Alle hören auf mich.

Das waren die Einfälle (Assoziationen), die sich Herr Munzinger zu den Reizwörtern in sein Heft notiert hat. Ich glaube, Ihnen wird sehr schnell klar, welche Probleme Herr Munzinger hat. Seine Assoziationen sprechen eine deutliche Sprache.

Zunächst einmal möchte er sich von dem Einfluss seiner Mutter lösen. Er sehnt sich nach mehr Freiheit und Entfaltung seiner Kräfte. Doch das Selbstbewusstsein des Herrn Munzinger ist nicht sehr groß. Er erinnert mit seinen Problemen sehr stark an einen ‹Durchschnittsmenschen›, der sich nach mehr Wert und Anerkennung sehnt. Sein Hauptproblem ist die Mutter und die Sehnsucht nach Unabhängigkeit von ihr. Herr Munzinger muss außerdem noch viele Nebenprobleme lösen, um ein selbstbewusster und freier Mensch zu werden. An dieser Stelle soll darauf nicht näher eingegangen werden. Beginnen Sie jetzt damit, in Ihr Heft Ihre eigenen Assoziationen zu den einzelnen Reizwörtern zu schreiben. Sie können viel mehr schreiben als Herr Munzinger. Je mehr Ihnen einfällt, desto besser.

Wenn Sie alle Reizwörter notiert haben, lesen Sie das Ganze noch einmal durch. Schreiben Sie Ihr Hauptproblem auf, und notieren Sie dann Ihre Nebenprobleme. Herr Munzinger notierte zum Beispiel:

1. Von der Mutter lösen.
2. Einen Partner finden, den ich liebe.
3. Mehr Einfluss gewinnen.
4. Mehr Freunde haben, mit denen ich mich offen aussprechen kann.

Denken Sie intensiv über Ihre Assoziationen nach. Und ergänzen Sie ihre Aufzeichnungen nach einigen Tagen, wenn Ihnen Weiteres eingefallen ist.

Schreiben Sie auch jeden Morgen Ihre Träume auf. Ihre Träume sind für die Analyse Ihrer Probleme sehr interessant. Träume sagen zwar nichts über die Zukunft aus, sondern sie zeigen Ihnen, was Sie im Moment beschäftigt.

In Träumen melden sich Ihre Wünsche, Ängste, Befürchtungen und Probleme. Wenn Sie Ihre Träume aufschreiben und über sie nachdenken, erfahren Sie mehr über sich selbst. Ihre eigentlichen Wünsche, vor denen Sie im Alltag oft die Augen verschließen, erscheinen Ihnen dann klarer.

Auch Befürchtungen, die Sie in wachem Zustand nicht wahrhaben wollen, steigen nachts im Traum hoch und drücken sich in der Traumhandlung aus. Träume können Sie auch warnen, können Ihnen andererseits Mut machen – und sie zeigen Ihnen manchmal, wie Sie ein Problem angehen sollten, um es zu lösen.

Sie sollten Ihre Träume in Zukunft also nicht mehr für ‹Schäume› halten, sondern ernsthaft darüber nachdenken. Es lohnt sich.

Wenn Ihnen stilles Nachdenken nicht liegt, erzählen Sie Ihre Träume einem guten Bekannten. Versuchen Sie, mit ihm gemeinsam die Bedeutung des Traumes herauszufinden. Dabei wird Ihnen der Traum klarer. Außerdem kann ein solches Gespräch sehr interessant sein. Es schafft eine vertraute Atmosphäre zu Ihren Bekannten und gibt Ihnen außerdem gezielt Auskunft darüber, welche Einstellungen sie haben. Bei diesen Gesprächen sollten Sie die Ansichten Ihrer Bekannten nicht einfach übernehmen, sondern versuchen, Ihre eigene Meinung klarer herauszukristallisieren.

Sind Sie seelisch labil?

Wer nur wenig selbstbewusst ist, wird meist von den Mitmenschen vorschnell als labil bezeichnet. Weil das nicht richtig ist, sollen die Eigenschaften labil, stabil und sensibel nun etwas näher beschrieben werden.

Labilität wird negativ beurteilt. Der Labile ist empfindlich, nervös, leicht erregbar, launisch, impulsiv, leicht verstimmbar, ängstlich und skeptisch. Dagegen wird seelische Stabilität mehr geschätzt, denn der Stabile gilt als aufgeschlossen, unbeschwert, sorglos, durchsetzungsfähig, ausgeglichen, verlässlich und selbstbeherrscht.

Nur die wenigsten Menschen kann man exakt dem einen oder anderen der beiden Extreme zuordnen. Die meisten legen vielmehr eine Mischung aus Labilität und Stabilität an den Tag. Sie reagieren manchmal labil und dann ein anderes Mal wieder stabil.

Die seelische Labilität (geringe Festigkeit und Ausgeglichenheit) ist auf geringe Selbstsicherheit zurückzuführen. Der Mensch weiß nicht, was er will, was für ihn richtig ist; er schwankt hin und her. Der Labile legt sich nicht fest und kann sich deshalb schwer für etwas entscheiden.

Halten Sie sich für seelisch labil? Schwanken Sie häufig hin und her und wissen nicht genau, was für Sie richtig ist? Wenn ja, dann sollten Sie einmal die Dinge aufschreiben, die Ihnen im Leben wirklich wichtig sind. Sie sollten sich einen Plan machen, einen roten Faden für Ihr Leben.

Meist geht dieser Plan jedoch nicht auf, weil Sie nicht selbstbewusst genug sind, Ihre erstrebten Wünsche und Bedürfnisse mit Mut anzugehen.

Was hat Labilität mit Sensibilität zu tun? Muss Sensibilität genauso negativ beurteilt werden?

Der sensible Mensch besitzt Einfühlungsvermögen und Intuition. Da er viel mit dem Gefühl wahrnimmt, ist er häufig schnell betroffen und dann seelisch verletzt – er besitzt ein leicht ansprechbares ‹Nervenkostüm›. Das bedeutet: Bereits auf geringe Frustrationen, aber auch auf Glückserlebnisse reagiert er sehr heftig. Der Sensible gerät also schneller in Resonanz als der Unsensible, Dickfellige.

Der Sensible muss nicht labil sein. Er kann im Gegenteil sogar genau wissen, was er will. Der Sensible empfindet besonders stark und intensiv. Deshalb ist er von Frustrationen schnell in seiner Stimmung zu beeinträchtigen. Seine Fähigkeit, Frustrationen gut zu ertragen und zu verarbeiten, ist meist gering. Deshalb ist sein Selbstbewusstsein in Gefahr. Das bedeutet wiederum: Sensibilität wird von den Mitmenschen rasch erkannt – und die machen dann nicht selten einen Sport daraus, indem sie prüfen, wie stark sie den Sensiblen durch Sticheleien belasten können.

Sensibilität wird meist als Schwäche ausgelegt. In diesem Bewusstsein leben viele Sensible – sie halten sich für schwach und haben deshalb ein geringes Selbstbewusstsein.

In Wirklichkeit ist Sensibilität eine Stärke. Wenn die Empfindungsfähigkeit und das Einfühlungsvermögen gut ausgeprägt sind, sind das Eigenschaften, die für die Lebensbewältigung überaus wichtig sind.

Wenn Sie glauben, dass Sie sensibel sind, dann sollten Sie Ihr Selbstbewusstsein unbedingt verbessern, denn Sie leben ständig in Gefahr, dass Ihre Mitmenschen auf Ihrer Sensibilität herumtrampeln wollen und versuchen werden, Ihre Selbstsicherheit zu zerstören.

Sind Sie extravertiert oder introvertiert?

Machen Sie sich einmal Gedanken darüber, ob Sie eher zu den extravertierten oder introvertierten Menschen gehören. Kreuzen Sie in den Checklisten Ihre Einstellung an.

Checkliste für den Extravertierten

	Ja	Nein
1. Suchen Sie Anregung von außen?	☐	☐
2. Lieben Sie Geselligkeit?	☐	☐
3. Brauchen Sie oft Abwechslung?	☐	☐
4. Sind Sie gerne aktiv?	☐	☐
5. Reagieren Sie leicht impulsiv?	☐	☐
6. Können Sie sich nicht immer beherrschen und unter Kontrolle halten?	☐	☐
7. Verstoßen Sie manchmal gegen gesellschaftliche Spielregeln?	☐	☐

	Ja	Nein
8. Handeln Sie lieber, als lange zu grübeln?	☐	☐
9. Lieben Sie Betriebsamkeit um sich herum?	☐	☐

Zählen Sie nun Ihre Ja-Kreuze zusammen.

Summe = ☐

Checkliste für den Introvertierten

	Ja	Nein
1. Halten Sie sich für überaus gewissenhaft?	☐	☐
2. Brauchen Sie wenig Geselligkeit?	☐	☐
3. Halten Sie sich für sehr vorsichtig?	☐	☐
4. Ziehen Sie sich gerne zurück?	☐	☐
5. Können Sie sich oft gut beherrschen und unter Kontrolle halten?	☐	☐
6. Verstoßen Sie so gut wie nie gegen gesellschaftliche Spielregeln?	☐	☐
7. Meiden Sie erregende Umweltreize und suchen Ruhe?	☐	☐
8. Denken Sie gerne über sich und Ihre Mitmenschen nach?	☐	☐
9. Meiden Sie Betriebsamkeit um sich herum?	☐	☐

Zählen Sie nun Ihre Ja-Kreuze zusammen.

Summe = ☐

Auswertung

In welcher Checkliste haben Sie die meisten Ja-Punkte erzielt? Wenn jede Liste etwa gleichviel Punkte aufweist, dann sind Sie ein Mischtyp (das ist ‹normal›). Je größer dagegen der Punktunterschied zwischen extravertiert und introvertiert ist, umso stärker tendieren Sie zu dem entsprechenden Menschentyp (höhere Punktzahl).

Wenn Sie mehr zum extravertierten Typ gehören, ist das günstig für die Entfaltung Ihrer Selbstsicherheit. Sie leben mehr nach außen als nach innen, suchen den Kontakt mit der Umwelt aktiv und packen Ihre Probleme mutiger an als der Introvertierte.

Wenn Sie zum introvertierten Typ gehören, ist Ihr Selbstbewusstsein leichter zu erschüttern als beim Extravertierten. Wissenschaftliche Untersuchungen haben gezeigt, dass der Introvertierte Umweltreize sehr intensiv verarbeitet und leichter konditionierbar ist.

Leicht können bei ihm frustrierende Erlebnisse Spuren hinterlassen und die damit verbundenen Menschen und Gegenstände zu Angstauslösern werden. Wie das geschieht, haben Sie im Abschnitt *Frustrationen im Umgang mit Menschen* gelesen.

Der Introvertierte ist also anfälliger für Schwierigkeiten mit seinem Selbstbewusstsein. Günstig ist, wenn jemand beides in sich vereinigt: Tendenzen zur Extraversion und Introversion.

Der Stil unserer Zeit ist extravertiert. Die meisten Menschen leben nach außen. Sie suchen Reize, Geselligkeit, Zeitstil Abwechslung, stürzen sich in Aktivität und Betriebsamkeit. Auch die wichtigsten angestrebten Werte dienen der Wirkung nach außen: Auto, Kleidung, Möbel, Urlaub, Kosmetik. Man lebt nach außen, will wirken, sich durchsetzen, konsumieren und genießen.

Der introvertierte Stil ist anders. Menschen in einer introvertierten Kultur leben mehr nach innen. Sie suchen den Kontakt mit sich selbst, ihren Gedanken und Gefühlen, meditieren über sich selbst und den Kosmos und betätigen sich schöpferisch: malen, dichten, musizieren. Eine Kultur dieser Art leidet weniger unter Stress als unsere extravertierte Zivilisation.

Der extravertierte Stil kann so extrem stark werden, dass der Einzelne zum Leben nach außen gezwungen wird. Er findet dann weder Ruhe noch Möglichkeit, nach innen zu leben, sich selbst und seine Gefühle intensiv zu erfahren. Auf diese Weise entartet der Mensch zu einer betriebsamen, aufgezogenen Puppe, die sich im Strom mittreiben lässt – der Einzelne kennt seine Individualität nicht. So kann er zwar als Ingenieur eine Brücke über einen Fluss bauen, auch ein fünfzigstöckiges Hochhaus errichten, aber er kennt sich selbst nicht, kann sich nur über Reize freuen, die von außen kommen, nicht über Impulse aus seinem Innern. Vor diesen Impulsen fürchtet er sich eher – oder er weiß nichts mit ihnen anzufangen. Solch ein Mensch kann sich selbst nicht intensiv erleben. Dieses Defizit eines extravertierten Lebensstils spüren viele Jugendliche, die sich in den Drogenrausch stürzen. Sie können die rein äußerlichen Werte nicht akzeptieren und suchen etwas anderes, spüren, dass sie sich in einer extravertierten Welt nicht so verwirklichen können, wie sie es wollen. Doch richtigen Umgang mit sich selbst haben sie nie gelernt, haben beispielsweise nicht gelernt, wie sie ihre schöpferischen Fähigkeiten und Impulse realisieren können.

Mit Drogen gehen sie auf einen Trip in ihre Innenwelt. Durch die Abhängigkeit von der Droge wird jedoch die Möglichkeit zur wachen Selbstentfaltung und inneren Freiheit genommen – die Abhängigkeit von der Droge zerstört das Selbstbewusstsein.

Um das Selbstbewusstsein aber dreht sich alles. Der Extravertierte sucht sich durch Aktivität nach außen zu bestätigen, der Introvertierte durch die Erfahrung mit seinen Gedanken und Empfindungen. Ein psychisch ideal gesunder Mensch verwirklicht sich extravertiert und introvertiert. Beide Tendenzen wechseln sich ab und halten sich in Balance.

Sind Sie ängstlich?

Ängstlichkeit ist mit geringem Selbstbewusstsein sehr eng verbunden. Der ängstliche Mensch zweifelt an seinen Fähigkeiten und an seinem Wert. Bei der Begegnung mit anderen Menschen fürchtet er, unterlegen und geringwertig zu sein. Der ängstliche Mensch besitzt also zu wenig Selbstbewusstsein. Durch das geringe Selbstbewusstsein ist die allgemeine Angstanfälligkeit erhöht. Die Angst vor der Konfrontation mit Erlebnissen, die das Selbstwertgefühl antasten, kann dann so groß sein, dass sogar eine allgemeine Lebensangst entsteht. Mit den folgenden Testfragen können Sie Ihre Ängstlichkeit überprüfen. Wenn Ihr Testergebnis Ängstlichkeit aufdeckt, besteht jedoch kein Grund, entmutigt zu sein. Die weiteren Kapitel des Buches sollen Ihnen ja dabei helfen, selbstbewusster und damit auch mutiger zu werden.

Lesen Sie bitte aufmerksam die folgenden Situationen, und versuchen Sie, sich in sie hineinzuversetzen. Kreuzen Sie dann unter den drei Antwortmöglichkeiten die an, die auf Sie zutrifft. – Es ist möglich, dass Sie sich mit keiner der drei Antworten ganz identifizieren können. Kreuzen Sie dann die Antwort an, die Ihnen noch am ehesten entsprechen könnte.

1. **In einer Diskussion werden Sie von einem Gesprächsteilnehmer kritisiert. Er sagt, Sie würden unlogische Schlüsse ziehen. Wie reagieren Sie?**
a) Ich bin etwas gekränkt.
b) Das lässt mich kalt.
c) Ich fühle mich innerlich sehr unbehaglich und melde mich vorerst nicht mehr zu Wort.

2. **Sie haben sich bei einem Vortrag so verhaspelt, dass die Zuhörer lachen. Wie reagieren Sie?**
a) Ich muss selbst etwas darüber lachen und erzähle es meinen Freunden.
b) Ich ignoriere diesen Vorfall.
c) Dieser Vorfall beschäftigt mich noch einige Tage.

3. **Nach einem Misserfolg (beispielsweise nach einer berechtigten Kritik Ihres Chefs) reagieren Sie meist so:**
a) Ich bin noch einen Tag etwas schlecht gelaunt.
b) Das lässt mich kalt, denn ich werde mich demnächst anders verhalten.
c) Ich fühle mich etwas unsicher und mache mir gelegentlich Sorgen.

4. **Sie haben bei einem Vortrag etwas nicht verstanden. In der anschließenden Diskussion können Sie Fragen stellen. Was tun Sie?**
a) Ich warte ab, ob in der Diskussion mein Problem angesprochen wird.
b) Um mich nicht zu blamieren, verzichte ich auf eine Wortmeldung.
c) Ich melde mich zu Wort und versuche durch gezieltes Fragen, das bei mir entstandene Problem zu lösen.

5. **In acht Wochen haben Sie eine Prüfung. Wie verhalten Sie sich?**
a) Ich fange mit meinen Vorbereitungen kurz vor der Prüfung an.
b) Ich beginne sofort mit der Arbeit, sodass ich schon vier Wochen vor Beginn der Prüfung meine Vorbereitungen abgeschlossen habe.
c) Ich stelle einen detaillierten Arbeitsplan über acht Wochen auf, den ich möglichst genau einhalte.

6. **Sie haben eine bestimmte Arbeit abgeschlossen. Wie reagieren Sie?**
a) Ich bin mit mir zufrieden.
b) Ich denke ständig darüber nach, ob es nicht möglich gewesen wäre, einige Arbeitsschritte besser anzugehen.
c) Ich denke über Schwachstellen meiner Arbeit nach und mache mir Sorgen.

7. **Sie haben morgen eine wichtige Besprechung. Wie fühlen Sie sich?**
a) Ich fühle mich unsicher.
6) Ich bin konzentriert und ruhig.
c) Ich bin etwas nervös.

8. **Sie sind alleine in einem Aufzug, der plötzlich stehen bleibt. Was denken Sie?**
a) Wäre ich doch nicht allein im Aufzug.
b) Wo ist bloß der Alarmknopf?
c) Der Aufzug ist wohl wieder zu stark beansprucht worden. Bis Hilfe kommt, dauert es sicher eine Stunde.

Analyse Ihrer Situation

9. Sie haben eine schöne Wohnung gefunden. Der Vermieter ist mit Ihnen einverstanden und bittet Sie, nächste Woche den Mietvertrag zu unterschreiben. Was denken Sie?
a) Hoffentlich bleibt er dabei.
b) Da habe ich aber Glück gehabt.
c) Warum soll ich erst in der nächsten Woche den Mietvertrag unterschreiben?

10. Hatten Sie als Kind Angst vor Einbrechern, wenn Sie allein im Haus bzw. in der Wohnung waren?
a) Nie.
b) Manchmal.
c) Oft.

11. Vor einem Konzert gehen Sie durch den vollen Saal und fühlen alle Blicke auf sich gerichtet. Was empfinden Sie?
a) Es macht mir nichts aus.
b) Es macht mich etwas unsicher.
c) Ich genieße die Aufmerksamkeit.

12. Macht es Ihnen Spaß, unvorhergesehene Situationen zu erleben?
a) Ja.
b) Nein.
c) Kommt darauf an.

13. Sie sind zu einer Party eingeladen. Der Gastgeber begrüßt Sie freundlich, unterlässt es aber, Sie den anderen Gästen vorzustellen. Was tun Sie?
a) Das ist mir recht so.

b) Ich stelle mich selbst vor.
c) Ich begrüße die Personen, die ich kenne.

14. Was denken Sie über das Zeigen der Gefühle gegenüber fremden Personen?
a) Ich kann meine Gefühle nicht äußern.
b) Nur bei guten Freunden kann ich meine Gefühle zeigen.
c) Ich kann meine Gefühle gut zeigen.

15. Wie fühlten Sie sich im Laufe der letzten Woche?
a) Ich fühlte mich manchmal verkrampft und unruhig.
b) Ich fühlte mich recht häufig verkrampft und unruhig.
c) Ich fühlte mich nicht verkrampft und unruhig.

16. Sie haben am nächsten Tag eine Prüfung. Wie verleben Sie den Tag?
a) Ich kann den ganzen Tag nur wenig essen.
b) Ich denke ab und zu besorgt an die Prüfung und kann abends schlecht einschlafen.
c) Ich glaube, dass ich die Prüfung bestehe, und bin ziemlich ruhig.

17. Bei Fahrten mit dem Zug kontrolliere ich, wenn ich im Abteil sitze,
a) nie, ob ich meine Fahrkarte noch bei mir habe,
b) mehrmals, ob ich meine Fahrkarte noch bei mir habe,
c) einmal, ob ich meine Fahrkarte noch bei mir habe.

Testauswertung

In der Tabelle sind Punkte für die 17 Situationen (Aufgaben) angegeben. Kreuzen Sie bitte den Buchstaben an, der Ihrer gewählten Antwort entspricht. In der 1. Spalte gibt es null Punkte, in der 2. Spalte einen Punkt und in der 3. Spalte zwei Punkte. Zählen Sie anschließend Ihre Punkte zusammen.

Situation (Aufgabe)	Punkte 0	1	2	Situation (Aufgabe)	Punkte 0	1	2
1	c	a	b	10	c	b	a
2	c	b	a	11	b	a	c
3	c	a	b	12	b	c	a
4	b	a	c	13	a	c	b
5	b	a	c	14	a	b	c
6	c	b	a	15	b	a	c
7	a	c	b	16	a	b	c
8	a	b	c	17	b	c	a
9	a	c	b				

Gesamtpunktzahl = ☐

In der Bewertungstabelle können Sie unter Ihrer Punktzahl nachsehen, wie ausgeprägt Ihre Ängstlichkeit ist.

Punkte	*Ausprägung der Ängstlichkeit*
0– 6	sehr stark
7–16	stark
17–21	durchschnittlich (Tendenz nach stark)
22–26	durchschnittlich (Tendenz nach gering)
27–28	gering
29–34	sehr gering

Das bedeutet die Bewertung

Sehr starke Ängstlichkeit
Angst ist für Sie ein wichtiges Problem. Sie erleben nicht nur in verständlichen und begründbaren Situationen Angst, sondern fühlen sich auch in Situationen ängstlich und bedrängt, in denen die meisten Ihrer Mitmenschen keine Probleme sehen. Sie würden gerne angstfreier, unkomplizierter und innerlich freier an die Probleme des Lebens herangehen.

Starke Ängstlichkeit
Für Sie gibt es aufgrund Ihrer Angstbereitschaft manches Problem. Dadurch komplizieren sich Ihre Lebensbedingungen. Sie beschäftigen sich häufig damit, wie Sie auf Ihre Mitmenschen wirken und ob Ihre Fähigkeiten den jeweils gestellten Anforderungen genügen.

Durchschnittlich (Tendenz nach stark)
Sie besitzen eine normale Ängstlichkeit, die im Durchschnittsbereich liegt. Innerhalb dieses Durchschnittsbereichs tendiert ihre Ängstlichkeit zu einer stärkeren Ausprägung. In manchen Situationen kommt daher bei Ihnen das Gefühl der Angst auf.

Durchschnittlich (Tendenz nach gering)
Sie besitzen eine normale Ängstlichkeit, die im Durchschnittsbereich liegt. Innerhalb dieses Durchschnittsbereichs tendiert Ihre Ängstlichkeit zu einer schwächeren Ausprägung.

Geringe Ängstlichkeit
Sie besitzen eine gute Angstresistenz. Sie haben selten Angstgefühle und gehen Ihre Probleme mutig an.

Sehr geringe Ängstlichkeit
Angst ist für Sie kein Problem. Sie neigen nicht zur Ängstlichkeit, sind mutig und gehen ungehemmt an Schwierigkeiten heran.

Fünftes Kapitel
Übersicht über Methoden der Psychotherapie

In den vorangegangenen Kapiteln wurde erläutert, wie ein geringes Selbstbewusstsein entsteht und welche Auswirkungen das auf die Psyche und den Körper hat. Auswirkungen auf die Psyche sind: Unsicherheit, Gehemmtheit, Labilität, Ängstlichkeit, Pessimismus, Aggressivität, Ehrgeiz, Machtstreben (zum Beispiel Kompensation), im schlimmsten Fall Depression, schwere Angstzustände und Selbstmord.

Auswirkungen auf den Körper sind: Das vegetative Nervensystem gerät aus der Balance, ferner können Herzschmerzen, Magen- und Darmschmerzen, Kreislaufstörungen, Kopfschmerzen und Schlaflosigkeit auftreten. Im schlimmsten Fall entstehen Magen- und Darmgeschwüre, die zum Tod führen können, droht auch der Herzinfarkt. Unter welchen Symptomen leiden Sie selbst? Schreiben Sie Ihre seelischen und körperlichen Beschwerden in Ihr Heft, und unterstreichen Sie, worunter Sie am meisten leiden. Bei körperlichen Symptomen sollten Sie zunächst Ihren Hausarzt konsultieren. Wenn eine organische Ursache ausgeschlossen werden kann, ist es ratsam, einen Psychologen aufzusuchen.

Leiden Sie nur unter seelischen Symptomen, etwa unter starker Gehemmtheit und Ängstlichkeit, ist der Psychologe Ihre erste Adresse. Eine Psychotherapie kann dieses Buch natürlich nicht ersetzen. Deshalb rate ich Ihnen, wenn Sie sich seelisch stark belastet und in Ihrer Entfaltung beeinträchtigt fühlen, unbedingt die Behandlung bei einem Psychologen aufzunehmen.

Der Außenstehende weiß sehr wenig über Psychotherapie und ihre Methoden. Deshalb sollen Sie in diesem Kapitel etwas näher darüber informiert werden. Sie können dann besser selbst entscheiden, welche Art von Therapie Ihnen am nützlichsten für Ihre speziellen Probleme erscheint.

Zunächst werden einige Berufsbezeichnungen der Therapeuten etwas näher erklärt.

Der Psychiater

Der Facharzt für Psychiatrie behandelt die so genannten Geistes- und Gemütskrankheiten (Psychosen), etwa Epilepsie, Schizophrenie und manisch-depressives Irresein. Zu einem Psychiater sollten Sie also nur gehen, wenn Sie unter außerordentlich schweren Symptomen leiden und der Verdacht auf eine beginnende Geisteskrankheit bestehen sollte. Bei allgemeinen Problemen mit dem Selbstbewusstsein (beschriebene Fälle) ist ein Psychiater nicht der richtige Therapeut.

Der Psychologe

Die Berufsbezeichnung ‹Psychologe› ist geschützt. Ein akademisch geschulter und wissenschaftlich geprüfter Psychologe führt die Bezeichnung Diplom-Psychologe vor seinem Namen. Diplom-Psychologen mit eigener Praxis führen psychologische Tests durch und beraten Sie bei seelischen Störungen jeder Art (Geisteskrankheiten ausgenommen).

Die Hauptberatungsgebiete umfassen folgende Problembereiche: Erziehung, Ehe, Sexualität, Beruf. Psychologen bedienen sich verschiedener Methoden – so der Psychoanalyse, der Suggestion, der Individualpsychologie, der Gesprächstherapie und der Verhaltenstherapie. Wie sich die einzelnen Methoden unterscheiden, wird noch beschrieben. Bevor Sie sich bei einem Psychologen zur Beratung anmelden, sollten Sie sich erkundigen, nach welchen Methoden er arbeitet. Manche Psychologen haben allerdings auch eine eigene Behandlungstechnik entwickelt.

Der Psychoanalytiker

Die Psychoanalyse (‹Seelenzergliederung›) wurde etwa um 1889 von Sigmund Freud und Josef Breuer als Behandlung entdeckt und begründet. Der Patient sitzt dem Therapeuten nicht gegenüber, sondern liegt entspannt auf der Couch und versetzt sich (unter anderem) in Erlebnisse aus seiner Kindheit zurück. Der Psychoanalytiker – außerhalb des Blickfeldes des Patienten – hört seinen Schilderungen zu. Das ist eine sehr vereinfachte Darstellung. Es gibt viele Psychoanalytiker, die auch heute noch sehr streng nach der Methode von Sigmund Freud behandeln.

Der Psychotherapeut

Ein Psychotherapeut behandelt alle seelischen Störungen, manchmal auch Geistes- und Gemütskrankheiten. Mit der Bezeichnung Psychotherapeut ist die Behandlungsmethode nicht angesprochen. Sie sollten deshalb telefonisch anfragen, nach welcher Methode behandelt wird.

Der Psychagoge

Ein Psychagoge arbeitet fast ausschließlich in der Erziehungsberatung. Nur in seltenen Fällen berät er auch bei seelischen Störungen Erwachsener. Meist überweist er den Patienten zu einem Psychotherapeuten, Psychologen oder Psychoanalytiker.

Autosuggestion und autogenes Training

Der Arzt Emil Coué hat als einer der Ersten die Methode der Autosuggestion bewusst in seiner Praxis zur Heilung von Krankheiten angewandt. Er schreibt: «Unser Unbewusstes braucht sich nur vorzustellen, dieses oder jenes Organ arbeite gut oder schlecht oder wir hätten diese oder jene Empfindung, so arbeitet dieses Organ wirklich gut oder schlecht, und wir haben diese Empfindung wirklich.»

Coué hat seinen Patienten dazu verholfen, durch Suggestion ihre Heilung zu fördern. Diese Methode funktioniert jedoch nur, wenn der Patient aktiv die Suggestion des Arztes annimmt und zur Autosuggestion macht. Coué dazu: «Man kann jemandem etwas suggerieren; wenn jedoch dessen Unbewusstes diese Suggestion nicht angenommen, sie gewissermaßen nicht verdaut hat, wobei sie sich in Autosuggestion verwandelt, bleibt die Suggestion völlig wirkungslos.»

Die Ausführungen machen eines deutlich: Diese Methode ist stark von der Persönlichkeit des Therapeuten abhängig. Der Patient muss daher volles Vertrauen zu ihm fassen und an die Wirkung der Suggestion glauben. Die Autosuggestion nach Coué kann jeder auch selbst zu Hause durchführen. Man setzt sich bequem in einen Sessel, schließt die Augen, um nicht abgelenkt zu sein, und denkt ein paar Minuten: «Dies oder das (hier das persönliche Problem einsetzen) schwindet, dies oder jenes (hier das Gewünschte einsetzen) tritt in Erscheinung.»

Eine zweite berühmte Autosuggestion lautet: «Mit jedem Tag geht es mir in jeder Hinsicht immer besser und besser.» Mit dieser Autosuggestion üben das Unbewusste und die Vorstellung einen positiven Einfluss auf alle Organe des Körpers aus.

Für den Selbstunsicheren könnte der Satz so abgewandelt werden: «Mit jedem Tag werde ich in jeder Hinsicht immer selbstbewusster und selbstsicherer.» Das empfiehlt sich besonders vor dem Einschlafen. Durch diese Suggestion wird das Problem zwar nicht an der Wurzel gepackt, aber die Autosuggestion stellt den gesamten Körper auf Optimismus und Glauben an mehr Selbstsicherheit um. Auf diese Weise wächst das Vertrauen zur eigenen Person, und wenn sich dann erste Erfolge einstellen, lösen sie eine bekräftigende Wirkung aus. Die auf Seite 53 ff. beschriebene Spirale tritt in Kraft, und das Selbstvertrauen bessert sich langsam.

Die Methode von Coué ist viel verspottet worden. Wahrscheinlich gibt es deshalb heute kaum noch Ärzte und Psychologen, die mit Hilfe Coué'scher Suggestionsformeln zu heilen versuchen. Darüber hinaus entsteht bei Patienten, die an die Wirksamkeit der Formel nicht ganz glauben, allzu häufig der Eindruck der Scharlatanerie.

Durch den Siegeszug naturwissenschaftlich begründeter

Heilverfahren wirkt die Coué-Methode heute wie ein ‹Rückschritt›. Es ist bedauerlich, dass die wissenschaftliche Forschung die Suggestion sehr stiefmütterlich behandelt hat, denn sie bietet viele Heilungschancen, die so leider nicht genutzt werden.

Autosuggestion

Das bekannte ‹autogene Training› ist eine besondere Form der Autosuggestion. Es wurde 1920 von dem Berliner Nervenarzt Johannes Heinrich Schultz entwickelt. ‹Autogenes Training› bedeutet so viel wie ‹selbsterzeugte Übung›. Nicht so bespöttelt wie die Coué-Methode, hat das autogene Training in den letzten beiden Jahrzehnten eine beachtenswerte Renaissance erfahren, was nicht zuletzt durch die zahlreichen Publikationen zu diesem Thema – einige Bücher, in denen Selbstanleitungen beschrieben werden, erreichten Spitzenauflagen – unterstrichen wird.

Das autogene Training ist eine komplizierte Technik, die entweder mit einem Anleitungsbuch oder in einem Volkshochschulkurs langsam erlernt werden muss. Autogenes Training eignet sich gut, um den täglichen Stress im Alltag besser zu bewältigen. – Sie werden ruhiger und schaffen somit eine gute Voraussetzung für ein besseres Selbstbewusstsein.

Das autogene Training ist für Personen geeignet, die regelmäßig Zeit finden, es auch auszuüben. Die Methode wird jetzt kurz beschrieben. Diese Kurzbeschreibung ist *kein* Lehrgang – sie soll Ihnen lediglich die Möglichkeit geben, an sich selbst die Frage zu stellen, ob Sie sich damit näher beschäftigen wollen. Das autogene Training ist nämlich nicht jedermanns Sache. Es gehört Geduld dazu und die Bereitschaft, die Übungen täglich regelmäßig durchzuführen.

Man nimmt beim autogenen Training eine der drei Haltungen ein:

1. *Die Liegehaltung.* Sie liegen auf dem Rücken, strecken die Beine aus und legen die Arme neben sich.
2. *Die Sitzhaltung A.* Sie benötigen hierfür einen ‹Großvatersessel› mit Kopfstütze und Armlehnen. Sie legen Ihren Kopf an die Kopfstütze und die Arme auf die Seitenlehnen.
3. *Die Sitzhaltung B.* Es genügt ein einfacher Stuhl. Sie sitzen darauf in der so genannten ‹Droschkenkutscherhaltung›. Das wird in den Büchern und Kursen genau erklärt.

Die Schwereübung

Sie nehmen eine der drei Haltungen ein, und die erste Übung kann beginnen.

Sie schließen die Augen und denken eindringlich: «Ich bin ganz ruhig.» Dann beginnt die Schwereübung. Sie denken zunächst: «Der rechte Arm ist ganz schwer.» Nach und nach werden die einzelnen Körperteile als schwer vorgestellt. Das Schweregefühl stellt sich vorerst nur leicht ein, doch es verstärkt sich von Übung zu Übung. Nach und nach breitet sich dieses Schweregefühl auf den ganzen Körper aus.

Der autosuggestiv erzeugte Zustand muss zurückgenommen werden, bevor man wieder aufsteht. Das geschieht nach dieser Formel: «Arme kräftig bewegen, tief Atem holen, Augen auf!» Das Zurücknehmen ist sehr wichtig. Es kann sonst eine allgemeine Schläfrigkeit zurückbleiben.

Die Wärme- und Herzübung

Die Schwereübung wird etwa vierzehn Tage zwei- bis dreimal täglich zu festen Zeiten durchgeführt. Erst dann denkt man: «Der rechte Arm ist ganz warm» usw. Das ist die Wärmeübung, die gleichfalls vierzehn Tage andauert. Dann folgt das Herzerlebnis. Nach allgemeiner Ruhe, Schwere und Wärme denkt man: «Herz schlägt ruhig und kräftig.»

Personen mit Herzleiden (zum Beispiel Herzinfarkt, Angina pectoris, Herzinsuffizienz) sollten ihren Arzt fragen, ob das autogene Training für sie geeignet ist. Sie sollten das autogene Training auch nur unter ärztlicher Anleitung durchführen.

Atemübung

Nach der Herzübung folgt das Atemerlebnis. Man denkt: «Atmung ist ganz ruhig.» Auch diese Übung beansprucht wieder vierzehn Tage. Wichtig ist: Jeder neue Übungsschritt darf nur erfolgen, wenn die vorangegangenen Schritte beherrscht werden.

Nach der Atemübung wird Wärme in der Bauchgegend erzeugt. Die Denkformel heißt: «Sonnengeflecht strömend warm.» Daran anschließend folgt die Übung: «Stirn ein wenig kühl.»

Autogen durchtrainierte Menschen sind zu verblüffenden Leistungen fähig. Sie können ihre Herzfrequenz steuern und die Durchblutung beeinflussen. Das ist einem Untrainierten nicht möglich.

Das autogene Training ist eine ausgezeichnete Methode zur Beruhigung des Körpers und des gesamten Nervensystems.

Leider sind viele Menschen, die mit dem autogenen Training beginnen, nicht bereit, regelmäßig zu üben. Sie geben zu früh auf, weil sie keine schnellen Erfolge erzielen oder weil sie zu nervös und extravertiert sind, um sich ruhig und gelöst auf sich selbst zu konzentrieren. Für manche Menschen kann das autogene Training dann sogar zur Belastung werden – das besonders, wenn sie trotz guten Willens nicht durchhalten.

Einfacher ist es natürlich, eine Beruhigungstablette zu schlucken, um dadurch die chemischen Prozesse im Körper zu verändern. Aber besser ist es auf jeden Fall, mit der ‹natürlicheren› Methode des autogenen Trainings zu Entspannung und innerer Ruhe zu finden.

Psychoanalyse

Nach verschiedenen statistischen Untersuchungen haben bis zu 70 Prozent aller Patienten, die einen Arzt aufsuchen, keine organisch fassbare Krankheit. Sie leiden vielmehr an seelischen Störungen, die den Körper (griech. Soma) beeinflussen. Die Mediziner sprechen deshalb von psychosomatischen Symptomen. Diese Patienten fielen bis in unser Jahrhundert in den Kompetenzbereich von Medizinern und Psychiatern. Der Neurologe Sigmund Freud war der Erste, der seinen Patienten statt Pillen und Spritzen Gespräche verordnete und auf der ‹Couch› ihre Seele zu heilen versuchte. Seine psychoanalytische Therapie ist bis heute die berühmteste angewandte Therapiemethode.

Die Psychoanalyse beruht auf Sigmund Freuds Erkenntnissen vom Unbewussten. Er entdeckte, dass das Erleben und Verhalten jedes Menschen von Einstellungen, Wünschen und Motiven bestimmt wird, die dem Bewusstsein meist verborgen bleiben. Warum gelangt denn nicht alles ins bewusste Erleben, warum wird vieles ‹verdrängt›? Ein Säugling äußert seine Wünsche noch spontan und unverhüllt. Wenn er Hunger hat und essen will, schreit er. Fühlt er sich wohl, lächelt er befriedigt. Doch dann setzt die Erziehung ein. Das Kind muss – ‹um vernünftig zu werden› – lernen, seine spontanen Wünsche zu ‹beherrschen› und zu ‹unterdrücken›, weil sie häufig im Widerspruch zu den Normen der Gesellschaft stehen und bei den Eltern kein Verständnis finden.

Freud nahm an, dass besonders der Erziehungsprozess in den ersten Lebensjahren den Menschen so sehr verändert, dass er sich schließlich viele seiner Wünsche überhaupt nicht mehr offen eingesteht, sondern sie direkt ‹ins Unbewusste› verdrängt. Die verdrängten Wünsche sind damit aber nicht einfach verschwunden, sondern sie suchen in verschleierter Form nach Befriedigung. Wie kam Freud zu dieser Auffassung?

Der Pariser Neurologe G. M. Charcot und der Wiener Arzt G. Breuer behandelten hysterische Patienten (unter Hysterie versteht man körperliche Krankheiten, etwa Lähmungen und Sehstörungen, die keine erkennbare anatomischen oder physiologischen Ursachen aufweisen). Dabei machte Breuer eine überraschende Entdeckung: Die hysterischen Symptome verschwanden, wenn unbewusste bzw. verdrängte Erlebnisse unter Hypnose wieder erinnert und mit starker Gefühlsentwicklung abreagiert wurden.

Freud stellte jedoch bald fest, dass durch diese Methode der Katharsis (griech. Reinigung) die Symptome nicht immer verschwanden und dass sich nicht alle Patienten hypnotisieren ließen. So versuchte er, die verdrängten Erinnerungen durch die ‹freie Assoziation› zum Vorschein zu bringen. Er forderte seine Patienten auf, sich auf eine Couch zu legen, die Augen zu schließen und ihren spontanen Einfällen freien Lauf zu lassen. Diese Technik der ‹freien Assoziation› bildet auch heute noch das Kernstück der Psychoanalyse. Der Patient muss alles, was ihm einfällt, mitteilen, auch was er als unangenehm oder als unsinnig und nebensächlich empfindet. Die Deutung der Einfälle ist das entscheidende Hilfsmittel der Psychoanalyse, um die Widerstände im Patienten aufzulösen und die unbewussten Motive bewusst zu machen.

Freud fiel auf, dass es den Patienten oft schwer fiel, all ihre Gedanken auszusprechen. Sie behaupteten, es fiele ihnen nichts mehr ein, behaupteten auch, ihnen dränge sich zu viel auf, um alles zu sagen. Freud entdeckte hinter diesen Ausflüchten seiner Patienten die unbewussten Widerstände bzw. Abwehrmechanismen, mit denen sich die Patienten der Aufdeckung ihrer verdrängten Konflikte widersetzten. Diese Widerstände treten je nach der Persönlichkeit des Patienten verschieden auf. So neigen beispielsweise manche Intellektuelle dazu, ihre Widerstände in Form von kritischen Einwänden gegen die Analyse vorzubringen, manche wiederum verschieben ihre Probleme auf eine andere Ebene (Rationalisierung).

So genannte Übertragungen können die Therapie verhindern, aber auch sehr erleichtern. Damit ist Folgendes gemeint: Der Patient wiederholt (überträgt) in seiner Beziehung zum Analytiker Einstellungen und Gefühle, die den konflikthaften Bindungen seiner frühen Kindheit entstammen (Eltern, Geschwister usw.).

Ein Fall aus Freuds Praxis soll dies verdeutlichen. Eine Patientin war mit einem Mann befreundet, der eine stellvertretende Funktion für ihren Vater hatte. Die Patientin brach die Psychoanalyse vorzeitig ab, weil Freud ihr nicht rechtzeitig ihre Ablehnung klar machte, die sie von ihrem ehemaligen Geliebten auf ihn übertrug. Die Patientin ‹rächte› sich durch den Abbruch der Analyse genauso, wie sie sich damals an ihrem Geliebten gerächt hatte.

Neben dieser negativen Übertragung gibt es die positive Übertragung, die sich durch Gefühle der Sympathie und des Vertrauens zum Analytiker zeigt. Wenn ein Patient seinen Konflikt mit den Widerständen durchzukämpfen hat, die in der Analyse aufgedeckt werden, muss ein starker Antrieb und Wunsch vorhanden sein, damit er nicht die frühere falsche Lösung wiederholt, also das ins Bewusstsein Geholte wieder verdrängt. Dieser Antrieb hat seinen Ursprung in dem offenen und vertrauensvollen Verhältnis zum Arzt. Am Ende der Therapie muss daher die positive Übertragungsbeziehung zum Therapeuten wieder gelöst werden.

Freud erkannte, dass auch der Analytiker Gefühle auf den Patienten überträgt. Er bezeichnete dies als Gegenübertragung. Kann beispielsweise ein Analytiker nicht mit den Liebesansprüchen seines Patienten fertig werden, reagiert er möglicherweise mit Unsicherheit und Abwehr. Durch die Gefühlsbeteiligung wird er unfähig, die Liebeswünsche seines Patienten aufzudecken und sie ihm bewusst zu machen. Die Gefahr der Gegenübertragung soll deshalb durch die ‹Lehranalyse›, der sich jeder Analytiker während seiner Ausbildung unterziehen muss, eingeschränkt werden. In der Lehranalyse liegt der Analytiker selbst auf der Couch und wird mit seinen eigenen unbewussten Motiven konfrontiert.

Nach der Auffassung des Stuttgarter Psychotherapeuten Dr. Rudolf Affemann liegt das ideale Analysealter eines Patienten zwischen 22 und 35 Jahren: «Nach fünfzig ist die Psychoanalyse im klassischen Sinne undurchführbar, weil die Persönlichkeitsstruktur zu verfestigt ist.»

Die Behandlung mit der Psychoanalyse kann bis zu sieben Jahre dauern (bei etwa zwei Wochenstunden). Psychoanalytiker sind in Deutschland rar. Wenn sich ein Patient für eine Behandlung anmeldet, muss er unter Umständen mit Wartezeiten bis zu zwei Jahren rechnen, je nachdem, wie renommiert der Analytiker ist. Psychotherapeuten dagegen, die nach anderen Methoden behandeln, haben kürzere bzw. gar keine Wartezeiten. Es gibt wenige direkte Äußerungen von Patienten, die sich einer Psychoanalyse unterzogen haben. Die meisten scheuen sich, offen zuzugeben, auf der Couch eines Analytikers gelegen zu haben. Deshalb ist ein Interview interessant, das die Zeitschrift *Capital* mit dem Marketing-Berater Bernd Rohrbach durchführte, der sieben Jahre (von 1961 bis 1968) im Frankfurter Sigmund-Freud-Institut eine Psychoanalyse mitmachte. Hier das interessante Interview in vollem Wortlaut zu Ihrer Information ...

Capital: Herr Rohrbach, Sie ließen sich sieben Jahre lang vom Psychotherapeuten behandeln. Was hat Sie das gekostet?
Rohrbach: 30 Mark pro Stunde, in sieben Jahren etwa 22 000 Mark. (Anmerkung: Heute kostet eine Stunde mindestens 50 Euro.)
Capital: Hat sich Ihre Krankenkasse an den Kosten beteiligt?
Rohrbach: Nein, denn es handelte sich nicht um einen Krankheitsfall im Sinne einer Krankenversicherung. Ich konnte die Honorare jedoch als Fortbildungskosten von der Steuer absetzen.
Capital: Haben sich die 22 000 Mark gelohnt?

Rohrbach: Ich glaube, dass ich erfolgreicher geworden bin. So brachte ich 1961 zum Beispiel nur ein Patent pro Jahr durch, gegen Ende der Analyse waren es fünf bis sechs Patente. Während der Analyse hat sich mein Bruttoeinkommen mehr als vervierfacht.

Capital: Ohne Analyse hätten Sie das nicht geschafft?

Rohrbach: Wahrscheinlich nicht. Seit meine inneren Spannungen abgebaut sind, fühle ich mich kreativer. Ich bin hemmungsloser im Denken und konsequenter im Handeln. Kürzlich habe ich vor achtzig Wissenschaftlern eines Großkonzerns gesprochen. Vor der Analyse hätte ich das nie mit dieser Sicherheit fertig gebracht. Viele Minderwertigkeitsgefühle wurden abgebaut.

Capital: Hemmungslosigkeit kann auch unsympathisch wirken.

Rohrbach: Ich glaube nicht. Im Gegenteil, die Analyse macht menschlicher, natürlicher, kontaktfähiger und toleranter. Die Durchsetzungsfähigkeit verliert an Feindseligkeit und gewinnt an Überzeugungskraft.

Capital: Schicken Sie Ihre Mitarbeiter auch auf die Couch?

Rohrbach: Wenn ich eines Tages einen Partner in meine Firma hereinnehmen sollte, würde ich es begrüßen, wenn auch er in die Analyse geht. Ich bin sicher, dass wir dann erheblich weniger Kommunikationsschwierigkeiten hätten.

Capital: Durch Ihre Tätigkeit als Marketing-Berater und Seminarleiter kennen Sie viele Führungskräfte. Wie vielen würden Sie eine psychoanalytische Behandlung empfehlen?

Rohrbach: Ich bin überzeugt, dass die Firmen enorm von der Psychoanalyse profitieren könnten. Ein leitender Mitarbeiter, der dauernd seine persönlichen Probleme im Beruf zu lösen versucht, kann ein starker Bremsklotz sein. Besonders wichtig würde ich die Analyse für Marketing-Leute halten. Man gewinnt an Sensibilität für Marktlücken.

Capital: Was war eigentlich der Anlass, weshalb Sie zum Sigmund-Freud-Institut gegangen sind?

Rohrbach: Der Auslöser für diesen Entschluss war mein erstes Jahr als selbständiger Berater. Ich hatte einfach Existenzangst. Außerdem hatte ich oft das Gefühl, dass man mich nicht akzeptierte.

Capital: Waren Sie skeptisch, ob die Psychoanalyse die richtige Behandlungsmethode ist?

Rohrbach: Ja, ich weigerte mich in den ersten Stunden, mich auf die Couch zu legen. Ich hatte starke innere Hemmungen, in einem Zustand der Wehrlosigkeit dem Analytiker gegenüber zu sein.

Capital: Wann zeigten sich die ersten Erfolge?

Rohrbach: Nach etwa einem Jahr. Anfangs verstärkten sich meine Probleme. Ich bekam außerdem Herzbeschwerden.

Capital: Würden Sie die Psychoanalyse als Karrieretraining empfehlen?

Rohrbach: Wer zu psychischen Spannungen neigt und trotzdem Karriere machen will, sollte auf jeden Fall in die Analyse gehen.

Gesprächstherapie

Der amerikanische Psychologe und Psychiater Carl Rogers begründete eine Therapieform, welche die ‹Selbstheilungskräfte› des Patienten anregt. Bei der ‹Klientenzentrierten Psychotherapie› soll der Patient (bzw. Klient) seine Probleme selbständig klären. Dabei soll der behandelnde Psychologe folgende Bedingungen erfüllen:

- Positive Wertschätzung und emotionale Wärme gegenüber dem Klienten.
- Verstehen und Verbalisierung emotionaler Erlebnisinhalte des Klienten.
- Echtheit im Verhalten, keine falsche Freundlichkeit, keine Launenhaftigkeit.

Voraussetzung für das Gelingen der Behandlung ist eine positive Beziehung zwischen dem Therapeuten und dem Klienten. Die Gespräche erhellen Empfindungen und Gefühle, die der Patient sich sonst nur ungern eingesteht. Sie verlieren in der entspannten, von Wertschätzung und Wärme getragenen Atmosphäre ihren Schrecken. Der Patient kann wagen, alles zu denken, Stellung dazu zu nehmen und zu verarbeiten, was er sich sonst ‹nicht einmal im Traum einfallen ließe›.

Der Patient erfährt, dass er sich in der Therapie nicht verteidigen muss. Da aufgrund ihres geringen Selbstbewusstseins viele zwischenmenschliche Beziehungen scheuen, kann die Beziehung zum Therapeuten eine erste Ermutigung sein, Kontaktschritte zu wagen.

Der Gesprächstherapeut versucht, sich möglichst intensiv in den Klienten hineinzuversetzen und seine Erlebniswelt zu verstehen. Sobald er sich sicher ist, die Gefühle seines Patienten verstanden zu haben, teilt er sie ihm mit.

Warum ist die ‹Spiegelung› der gefühlsmäßigen Erlebnisse therapeutisch hilfreich? Nach der Auffassung von Rogers sind die seelischen Probleme immer Gefühlsprobleme, die in den meisten Fällen nicht in ihrem ganzen Ausmaß als solche erkannt werden.

Der Klient beachtet vielmehr vor allem Widerstände in seiner Umwelt, zum Beispiel Fehler des Ehepartners, zum Beispiel körperliche Symptome. Der Therapeut zieht aus diesen Widerständen den Gefühlsgehalt heraus und spricht ihn aus.

Sie kennen sicher Menschen, die sich hinter einer Fassade verstecken. Es scheint, dass sie ihr Verhalten nur spielen, aber nicht wirklich so sind. Sie äußern Gefühle, die sie nicht haben, und unterdrücken andere, die sie haben. Diese Vorgänge spielen sich zwar bei jedem Menschen ab, wenn sie aber eine bestimmte Stärke erreichen, wirkt das Verhalten unecht und maskenhaft. Ein Beispiel aus einer Therapiestunde: Herr Hall war wegen starker Hemmungen, die auch sein Studium beeinträchtigen, und Angstzuständen in die Therapiestunde gekommen.

Herr Hall: «Wenn ich in eine Diskothek gehe, treten diese Beschwerden verstärkt auf. Ich schwitze und bekomme Magenkrämpfe, vor allem, wenn mir ein Mädchen gegenübersitzt. Dann sind die Beschwerden stark, und ich kann mich dann nicht konzentrieren.»
Therapeut: «Das bedrückt Sie?»
Klient: «Ja.»
Therapeut: «Und es gelingt Ihnen nicht, sich frei zu fühlen?»
Klient: «Ja, das ist es, dass ich dagegen nichts machen kann.»
Therapeut: «Es ist hart für Sie, dass das gerade gegenüber Mädchen so ist. Das wollen Sie nicht hinnehmen?»
Klient: »Ja – weil ich darin eben nichts Natürliches sehe. Wenn ich so aufgeregt werde, dann empfinde ich das als sehr unangenehm.»

Die Abnahme psychischer Spannungen, die im Verlauf der Gesprächstherapie eintritt, lässt sich nachweisen. Robert P. Andersson führte 1956 während zehn gesprächstherapeutischen Sitzungen mit einem Klienten Messungen der Herzschlagfrequenz und deren Schwankungsbreite durch. Außerdem schätzte er während jeder Stunde mit einer Skala die Gefühlsstärke. Dabei ergab sich für die Herzschlagfrequenz ein ähnlicher Kurvenverlauf wie für die Einschätzung der emotionalen Beteiligung des Klienten. Die physiologische Spannung, also erhöhte Herzschlagfrequenz, trat besonders stark auf, wenn sich der Klient über konfliktreiche Gefühle äußerte, die ihn zurzeit ganz persönlich betrafen. Gute Erfolge zeigt die Gesprächstherapie bei gehemmten Personen, die sich über sich selbst, über ihre Wünsche und Ziele nicht im Klaren sind, die für ihre Lebensgestaltung keine Bezugspunkte haben. In solchen Fällen kann eine Therapie von zehn bis dreißig Stunden bereits gute Erfolge aufweisen.

Gruppentherapie

Mindestens einmal in der Woche treffen sich sechs bis acht Personen für ein bis zwei Stunden und setzen sich mit einem Psychologen oder Psychotherapeuten an einen runden Tisch. Die Gruppe sollte nach Alter und Intelligenzgrad einheitlich zusammengesetzt sein. Sie sollte nicht aus Personen bestehen, die auch außerhalb der Gruppe täglich in engerem Kontakt stehen. Auch Freunde und Ehepaare können die Wirkungen der Gruppentherapie beeinträchtigen.

Der Gruppenleiter hilft, am Anfang Hemmungen zu überwinden. Er erläutert die Voraussetzungen der Gruppentherapie:

- Diskretion der Mitglieder gegenüber Außenstehenden.
- Konzentration auf Gefühlsprobleme.
- Alles soll ausgesprochen werden, was man fühlt und denkt.

Die Gruppenmitglieder erzählen zunächst zwanglos und ohne Druck etwas über sich selbst und ihre Probleme. So entwickelt sich ein Gespräch über psychische Probleme, das die Eindrücke der Gruppenmitglieder verarbeitet und zu Stellungnahmen zwingt.

Die Teilnehmer nehmen selbst eine psychotherapeutische Funktion ein (positive Zuwendung, Deutung der Gefühle anderer Gruppenmitglieder). Das bedeutet jedoch nicht, dass ein Gruppenleiter überflüssig wäre. Er muss nämlich die Gespräche in die notwendige Richtung führen (etwa Mitglieder darauf aufmerksam machen, dass sie nicht über Tagesereignisse, über Wetter usw. sprechen sollen). Andererseits baut er die Erwartung der Gruppe ab, indem er ‹die Sache in Gang hält› – schließlich soll die Gruppe selbst aktiv sein. Dabei entwickelt die Gruppe ein feines Gefühl dafür, wie weit sie ein Gruppenmitglied durch ihre Stellungnahmen belasten kann. Ist die äußerste Belastbarkeit eines Mitglieds erreicht, wendet sich das Gruppeninteresse den Problemen eines anderen zu. Selbstverständlich ist der Psychologe bzw. Psychotherapeut angehalten, den Einzelnen vor möglichen psychischen Schäden zu schützen – das gehört zu den obersten Richtlinien.

Es bedeutet für jeden Teilnehmer zunächst einmal eine große Erleichterung, da er sieht, dass andere Menschen ähnliche Probleme haben. Diese Erleichterung fördert die Aussprache persönlicher Konflikte. Außerdem werden die Symptome durch das Verständnis der Gruppe besser ertragen.

Da jede Gruppe ein Modell der Gesellschaft ist, kann die Gruppentherapie die Eingliederung in die Gesellschaft erleichtern und Modellerfahrungen im Umgang mit anderen verschaffen.

Man muss sich die Gruppe als eine Übungssituation vorstellen. Im Schutz der Gruppe ist es möglich, Risiken einzugehen, also einfach auszuprobieren: Wie reagiert jemand auf mich, wenn ich mich so oder so verhalte? Ein Mitglied erfährt zum Beispiel, dass sein Verhalten arrogant wirkt, obwohl es überhaupt nicht arrogant wirken, sondern nur seine Unsicherheit verdecken will. Solch eine Erfahrung kann für das tägliche Miteinander sehr hilfreich sein.

Wie sich eine Gruppentherapie auswirkt, zeigt ein Auszug aus einem Interview, das drei Monate nach Abschluss einer Gruppentherapie von dem Psychologen H. Peres durchgeführt wurde: «Ich habe einfach dadurch, dass ich ein Mitglied der Gruppe war und von allen akzeptiert wurde, eine große Menge Selbstvertrauen gewonnen ... Ich glaube, dass ich von allen anderen akzeptiert wurde, weil ich bei den Sitzungen offen über meine Gefühle gesprochen habe. Das übertrug sich in hohem Maße auch auf andere Situationen. Wenn ich jetzt mit Leuten zusammentreffe, bin ich einfach ich selbst, ohne irgendetwas zu unterdrücken und ohne Angst zu haben, dass andere mich nicht verstehen» (zitiert nach Rogers).

Mit steigendem Selbstbewusstsein entwickelt sich auch die Toleranz. Die Teilnehmer lernen, Kritik zu ertragen, erfahren, dass Kritik nicht zerstörerisch sein muss, sondern dass sie auch von ihr profitieren können. Und sie lernen zuzuhören. Menschen, die eine Gruppentherapie mitgemacht haben, wenden sich nicht mehr ab, wenn sie angegriffen werden, sondern versuchen herauszufinden, warum sie angegriffen werden.

Die Gruppentherapie hat sich bisher als eine Methode bewährt, die der vertieften Selbsterkenntnis gesunder oder leicht gestörter Menschen dient. Bei Anpassungsproblemen, Kontaktschwierigkeiten, Hemmungen und Minderwertigkeitsgefühlen ist daher die Gruppentherapie zu empfehlen.

Wer kurzfristige Hilfe sucht, dem ist eine ganz besondere Gruppentherapie zu empfehlen. Sie kommt aus den USA. Man nennt sie ‹Encounter Group›. Hier bleibt die Gruppe drei bis zehn Tage lang Tag und Nacht zusammen. Auch hier redet man miteinander, erörtert seine Probleme, versucht, Lösungen geschilderter Konflikte zu erarbeiten.

In der ‹Encounter Group› werden Gefühle aufgedeckt und mitgeteilt, um zu einem tieferen Verstehen zu gelangen. Der Vorteil gegenüber einer normalen Therapie besteht darin, dass der Einzelne sofort und ständig von der Gruppe korrigiert wird. So kann er zwischen einzelnen Sitzungspausen nicht wieder in seine alten Verhaltensweisen zurückfallen.

Eine spezielle Methode der Gruppentherapie ist das von dem Wiener Psychiater Moreno zu Beginn der zwanziger Jahre entwickelte ‹Psychodrama›. Dabei werden Konflikte und seelische Störungen durch improvisiertes Spiel bewusst gemacht. Durch die ‹spielerische› Wiederholung traumatischer Situationen wird erstens eine Einsicht in die Ursachen gewonnen und zweitens ein Ausleben von Konflikten ermöglicht. Als Behaviordrama (Verhaltensdrama) kann das psychodramatische Spiel systematisch zur Verhaltensänderung eingesetzt werden (siehe Verhaltenstherapie).

Von Amerika aus sind inzwischen vielfältige Abwandlungen der Gruppentherapie nach Europa gekommen. Bei einer Art der Gruppentherapie werden die Körper der Mitglieder abgetastet. Die eventuell auftretenden erotischen Gefühle sind dabei nicht so entscheidend wie die Bewusstmachung des Körperlichen. Man lernt wieder (wie in der Kindheit), den Körper zu beachten und ihn zu akzeptieren.

Ähnlichkeit mit der Gruppentherapie hat das Sensitivity-Training. Im Sensitivity-Training werden in erster Linie Vorgänge, die in der Gruppe geschahen, verarbeitet. Denn nur diese Vorgänge sind allen Teilnehmern bekannt. Das ist deshalb vorteilhaft, weil jeder Teilnehmer im Training die gleichen Verhaltensweisen und Abwehrmechanismen wie im täglichen Leben zeigt. Die zentrale Methode ist das ‹Feedback› (Rückspiegelung). Jeder beschreibt möglichst klar seinen Eindruck bzw. seine Gefühlsreaktionen, die eine Verhaltensweise eines anderen bei ihm ausgelöst hat. Der Teilnehmer erfährt, wie sein Verhalten wirkt und wie er selbst auf fremdes Verhalten anspricht. Dies löst oft eine Einsichts- und Änderungsbereitschaft aus.

Beim Sensitivity-Training wird geübt, eigene und fremde Verhaltensweisen differenziert aufeinander abzustimmen. Starre Verhaltensweisen können abgebaut und neue, echtere ausprobiert werden. Wegen der Anstrengung eignet sich ein Sensitivity-Training nicht für Psychose- oder Selbstmordgefährdete oder für Neurotiker. Um selbstbewusstes Verhalten zu fördern und zu verstärken, ist das Sensitivity-Training gut geeignet. Es wird in vielen Großstädten auch von Volkshochschulen preiswert angeboten.

Verhaltenstherapie

Vor etwa vierzig Jahren begründete in den USA Joseph Wolpe die Verhaltenstherapie. Sie unterscheidet sich von anderen Behandlungsarten, weil sie auf experimentelle Ergebnisse der Lernpsychologie aufbaut.

Die Gesundung des Patienten beruht auf kontrollierbaren Lernvorgängen, deren Modell der russische Physiologe Iwan P. Pawlow erforschte. Bei Experimenten mit einem Hund entdeckte er Folgendes: Sobald das Tier Futter sieht, sondert es Speichel ab. Pawlow ließ daraufhin ein Glockensignal ertönen, sobald der Hund sein Futter erhielt. Nachdem er dies mehrere Male wiederholt hatte, genügte der Glockenton (der Zusatzreiz), um bei dem Hund eine Speichelsekretion auszulösen. Ein so genannter ‹bedingter Reflex› war entstanden.

In Anlehnung an diese Konditionierungsversuche ist es Watson (dem Begründer des Behaviorismus) 1920 erstmals gelungen, konditionierte Furchtreaktionen bei einem Kind zu erzeugen. Das Beispiel des kleinen Albert wurde auf Seite 54 beschrieben. Erinnern Sie sich: Die Furchtreaktion war plötzlich an die Ratte gekoppelt, die zuvor niemals Angst erzeugte. Diese Furcht übertrug sich sogar auf andere Tiere. Kaninchen und Hunde lösten jetzt ebenfalls Weinen und Fluchtverhalten aus.

Die Verhaltenstherapie geht davon aus, dass auch Erwachsene ähnlich konditioniert werden und dass ‹neurotische Symptome› meist auf diese Weise entstehen.

Ein Beispiel zeigt das Lernen von falschem Verhalten. Im Anschluss an einen Autounfall konnte Herr Finn seine Wohnung nie mehr verlassen, ohne Angst zu spüren. Der Unfall hatte sich so abgespielt: Herr Finn wurde von einem Auto angefahren, als er aus einem Geschäft auf die Straße trat. Seit dieser Zeit hatte Herr Finn Angst vor Plätzen. Die rationale Überzeugung, dass er sich durch Vorsicht vor Autos schützen könne, war nutzlos.

Die Verhaltenstherapie versucht, dem Patienten diese Angst abzugewöhnen. Joseph Wolpe entdeckte, wie eine Furchtreaktion ‹gelöscht› werden kann. Er erzeugte zum Beispiel Furchtreaktionen bei Katzen. Sie lernten, auf ein Summgeräusch die Klappe eines Futterkastens zu öffnen, um somit an ihren Fressnapf zu kommen. In der zweiten Versuchsphase erhielten die Katzen jedes Mal, wenn sie den Futterkasten öffneten, einen elektrischen Schock. So entwickelten die Tiere ein ‹Vermeidungsverhalten› gegenüber dem Fressen in einem bestimmten Käfig. Sie sträubten sich heftig, wenn sie in den ‹Schockkäfig› gesetzt wurden, und verweigerten das Fressen. Wolpe konnte die Furchtreaktionen der Katzen ‹löschen›, indem er die Tiere Schritt für Schritt an den ‹Schockkäfig› gewöhnte. Er fütterte die Katzen ohne Schock in verschiedenen Käfigen, die anfangs nur wenig, nach und nach aber immer mehr Ähnlichkeit mit dem gefürchteten Käfig hatten, bis die Tiere wieder ohne Furcht in ihrem alten Käfig zu fressen begannen. Wolpe entwickelte 1950 nach seinen experimentellen Ergebnissen mit Tieren eine Therapieform für den Menschen: die systematische ‹Desensitivierung›. Die Methode gliedert sich in drei Abschnitte:

1. Intensives Entspannungstraining.
2. Aufstellung einer Hierarchie der angstauslösenden Reize.
3. Stufenweise Kombination dieser Angstreize mit Entspannungsreaktionen.

Rangordnung der Angstreize

So wird beispielsweise die Platzangst geheilt: Vor Beginn der Desensitivierung wird mit dem Patienten ein Entspannungstraining durchgeführt, etwa physiologische Muskelentspannung oder autogenes Training. Dann klärt der Therapeut durch ein gezieltes Gespräch, welche Reizsituationen beim Patienten Angst erzeugen. Nun bringt der Patient die Angstreize in eine Rangordnung. Bei der Angst von Herrn Finn sieht das so aus:

Schwache Angst
1. Ich bin zu Hause und höre im Radio, ein Mann sei überfahren worden.
2. Ein Bekannter erzählt mir von einem Unfall.
3. Ein Freund ist angefahren worden.

Mittlere Angst
4. Ich gehe in einer verkehrsarmen Gegend spazieren.
5. Ich gehe abends durch die Stadt.

Starke Angst
6. Ich gehe zu einer Konzertveranstaltung.
7. Ich muss tagsüber einen Platz überqueren.

Vorstellung der Angstauslöser

Die Desensitivierung beginnt damit, dass sich Herr Finn tief entspannt den schwächsten Reiz der Angsthierarchie ein paar Sekunden vorstellt. Sobald dabei Angst auftritt, muss er den Finger heben. Dann wird die vorgestellte Szene sofort unterbrochen ... völlige Entspannung setzt ein. Danach wird die Vorstellung erneut geübt. Durchbricht die Angst die Entspannung nicht mehr, wird also die Vorstellung angstfrei ertragen, geht der Therapeut zur nächsthöheren Angstszene über. Durch den entwickelten Mut bewältigt Herr Finn Schritt für Schritt immer höhere Stufen seiner Angsthierarchie, bis auch die intensivste Vorstellung (‹Ich muss tagsüber einen Platz überqueren.›) ihren Angstcharakter verloren hat.

Die Erfahrung hat gezeigt, dass die Patienten mit dieser Methode nach etwa zwanzig Sitzungen auch in realen Situationen keine Angst mehr empfinden. Die Desensitivierung hat sich besonders bei der Behandlung von Tierphobien (Spinnen, Mäuse usw.), Prüfungsängsten, Angst vor öffentlichem Sprechen, Platzangst und Angst vor geschlossenen kleinen Räumen bewährt.

Wichtig ist die Kombination von Entspannungsübung und Vorstellung der Angsthierarchie. Entspannungsübungen allein sind nicht so erfolgreich – und auch das reine Durcharbeiten der Angstsituationen trägt wenig zum Abbau der Ängste bei.

Die Technik der Verhaltenstherapie ist sehr variabel. Der Verhaltenstherapeut kann mit einem Kranken ‹Theater› spielen, wenn dieser beispielsweise gegenüber Vorgesetzten gehemmt und unsicher ist und seine Fähigkeiten nicht entfalten kann. Der Therapeut spielt in solch einem Fall vielleicht ein Vorstellungsgespräch beim Personalchef einer großen Firma nach.

Ein Nachteil der Verhaltenstherapie liegt darin, dass bei komplexeren Problemen, etwa bei ‹allgemeinen› Angstzuständen oder bei Ängsten, die gleichzeitig mit schweren Depressionen oder Zwangsneurosen verbunden sind, die Heilung schwieriger ist.

Wann brauchen Sie einen Psychotherapeuten?

Erst wenn alle organischen Ursachen für Ihre Beschwerden ausgeschlossen werden können, sollten Sie die Praxis eines Psychologen, Psychotherapeuten oder Psychoanalytikers aufsuchen. Auf den vorhergehenden Seiten konnten Sie sich ein Bild über die Behandlungsmethoden machen. Sie können danach besser entscheiden, von welcher Therapieform Sie sich noch am ehesten angesprochen fühlen.

Wenn Sie einen Therapeuten aufsuchen, sind Sie nicht gezwungen, seine vorgeschlagene längere Beratung und Behandlung durchzuführen. Vielleicht hilft Ihnen bereits ein einstündiges Gespräch. Wenn Sie feststellen, dass die Art des Therapeuten Ihnen nicht liegt, sollten Sie ungeniert die Beratung abbrechen und einen anderen Therapeuten konsultieren.

Achten Sie bei der Prüfung des Therapeuten vor allem darauf, wie er bestimmte Seiten Ihrer Persönlichkeit in Frage stellt und wie er Ihnen den schmerzlichen und unbequemen Prozess der Umorientierung bewusst macht. Das kann Ihnen so unangenehm sein, dass Sie den Therapeuten nicht als aufgeschlossenen, bejahenden Gesprächspartner empfinden, sondern Widerstand gegen ihn und seine Äußerungen entwickeln. Sie sollten Ihr Sympathie- oder Antipathiegefühl deshalb genau überprüfen. Eine Therapie ist kein angenehmer Vorgang. Viele Patienten kommen mit einer Einstellung, die daran erinnert, wie sie ihren Wagen in die Reparaturwerkstatt bringen: Sie setzen oder legen sich hin, erzählen oberflächlich von ihren Problemen und denken, alles andere übernehme schon problemlos der Therapeut. Mit dieser Einstellung misslingt die

Behandlung, denn man kann natürlich niemanden ‹waschen, ohne ihn nass zu machen›.

Wenn Sie, wie schon oben ausgeführt, keine körperlichen Symptome spüren, sondern nur seelische, sollten Sie direkt einen Termin mit einem Psychologen oder Psychotherapeuten vereinbaren.

Vorwiegend seelische Symptome sind:

Ängste verschiedener Art
- Allgemeine Lebens- und Existenzangst
- Angst vor Tieren (Spinnen, Mäusen usw.)
- Angst vor Plätzen oder engen Räumen

Zwangshandlungen
- Wasch- oder Kontrollzwang
- Zwangsgedanken
- Bestimmte wiederkehrende Verhaltensweisen bei Nervosität (Nägelkauen, Haare zusammendrehen usw.)

Störungen der ‹normalen› Sexualität
- Impotenz oder Frigidität
- Sadismus oder Masochismus
- Sonstige ‹Perversionen›

Störungen von Persönlichkeitseigenschaften
- Extremer Geiz und Egoismus
- Geringe Kontaktfähigkeit
- Konzentrationsmangel
- Geringes Selbstbewusstsein (Minderwertigkeitsgefühle)

- Geringe seelische Belastbarkeit
- Extreme Pedanterie

Störungen der Stimmungen
- Häufige Gedrücktheit und Depression
- Häufiger extremer Stimmungswechsel
- Psychische Unausgeglichenheit

Der Leidensdruck

Das ist nur eine kleine Auswahl seelischer Symptome. Einen Therapeuten sollten Sie nur dann aufsuchen, wenn Sie unter einem dieser Symptome leiden. Denn nur der Leidensdruck mobilisiert die nötigen Kräfte, die für eine therapeutische Behandlung unbedingt erforderlich sind. Wer mit sich selbst zufrieden ist, sieht den Grund nicht ein, dass er sich ändern sollte, und er wird sich deshalb auch nicht ändern.

Wann zum Therapeuten?

In letzter Zeit kommt es häufiger vor, dass Eheschwierigkeiten zu bestimmten Situationen führen. Ein Beispiel: Herr Münch ist seit fünf Jahren verheiratet. Seine Frau ist sexuell leicht ansprechbar und hat sich vor einem halben Jahr in einen anderen Mann verliebt. Sie will sich deshalb scheiden lassen. Herr Münch verzeiht seiner Frau die Liebschaft und möchte die Ehe weiterführen. Er rät seiner Frau: «Geh zum Psychotherapeuten und lass dich behandeln. Deine Untreue ist nicht normal – ich liebe dich doch nach wie vor.»

Übersicht über Methoden der Psychotherapie

In diesem Fall ist eine Psychotherapie nicht erforderlich. Frau Münch will die Scheidung und liebt einen anderen Mann. Es besteht von ihrer Seite kein Leidensdruck und auch kein Grund, ihr von der Liebe abzuraten. Anders verhielte es sich vielleicht, wenn Frau Münch innerhalb von fünf Jahren zum fünften Mal vor einer Scheidung stünde und sie ihr Verhalten selbst in Frage stellen würde.

Wie findet man einen Therapeuten?

Wenn Sie einen Psychologen oder Psychotherapeuten suchen, empfiehlt es sich, im Branchenverzeichnis Ihres Fernsprechbuches nachzuschauen. Unter Psychologie oder Psychotherapie finden Sie die zur Auswahl stehenden Therapeuten mit Anschrift und Telefonnummer. Wählen Sie zunächst den Therapeuten aus, der Ihrer Wohnung am nächsten ist. Wenn Sie sich telefonisch einen Termin geben lassen, sollten Sie sich dabei auch gleich nach dem Stundenhonorar und der Therapiemethode, die vorwiegend angewandt wird, eingehend erkundigen.

Sechstes Kapitel
Das Programm für mehr Selbstsicherheit

Im vorangegangenen Kapitel haben Sie sich über die verschiedenen Methoden der Psychotherapie informiert. Alle Behandlungsmethoden haben ihren Sinn und Wert. Da keine Methode als die einzig richtige gelten kann, ist je nach den vorhandenen Symptomen und seelischen Schwierigkeiten die eine oder andere Therapie daher besonders geeignet. Das muss dann von Fall zu Fall individuell entschieden werden.
Günstig ist meist die Unterstützung einer Behandlung durch das autogene Training. Ich empfehle Ihnen das Buch von Dr. med. Lindemann *Überleben im Stress – Autogenes Training*. Dieses Buch eignet sich vor allem deshalb, weil es leicht verständlich und mit viel Überzeugungskraft geschrieben ist. Dr. Lindemann hat bei seinen drei Atlantiküberquerungen in einem Faltboot, einem Einbaum und einem Kutter wichtige eigene Erfahrungen mit dem autogenen Training gesammelt.

Problemtagebuch

Sie haben sich bereits ein Heft angelegt, um das Assoziationsexperiment durchzuführen. Nun brauchen Sie dieses Heft erneut – als Problemtagebuch. Zunächst beobachten Sie sich eine

Woche und schreiben einen Bericht über das Verhalten, das Ihr geringes Selbstbewusstsein gezeigt hat. Danach folgt eine Bestandsaufnahme aller Situationen, die Ihr Selbstbewusstsein erschütterten. Daran schließt sich eine Übungszeit an, in der Sie selbstbewussteres Verhalten anwenden.

Beobachtungswoche

Nun beginnen Sie mit der Beobachtungswoche. Verhalten Sie sich so wie immer, versuchen Sie also, in dieser Zeit nicht selbstbewusster zu sein.
 An dem folgenden Beispiel sehen Sie, wie es gemacht wird. Die Tageseintragungen stammen von Herrn Culler (kaufmännischer Angestellter, 26 Jahre).

1. Tag
a) Ich wurde von dem Kollegen Renner mit ironischen Bemerkungen abgekanzelt, als ich ihn nach dem Platz für das Kohlepapier fragte. Alles lachte. Ich spürte, wie mir das Blut aus dem Kopf wich. Ich konnte keine Antwort geben.
b) Am Telefon war der Chef. Wollte wissen, ob seine Sekretärin bei mir im Büro sei. Ich antwortete nur mit «Nein» – es fiel mir sonst kein verbindlicher Satz ein. Das hat mich auf mich selbst wütend gemacht.
c) Abends wollte ich fernsehen. Eine Freundin meiner Frau kam zu Besuch. Da ich nicht wagte, meiner Frau zu sagen, mir sei das heute unangenehm, ärgerte mich das ungemein.
– Ich möchte mich mehr durchsetzen können.

2. Tag

a) Meine Frau entdeckte, dass die neugelieferte Waschmaschine seitlich zerkratzt ist. Ich rief das Geschäft an und meldete den Schaden. Das war mir unangenehm, und ich hatte ein leichtes Ziehen im Magen.

b) Ich betrat das Zimmer eines Kollegen. Er begrüßte mich mit der Bemerkung: «Du hast auch jeden Tag weniger Haare auf dem Kopf.» Da mich mein Haarausfall beunruhigt, machte mich die taktlose Bemerkung unsicher. Ich reagierte nicht gelassen und gelockert.

3. Tag bis 6. Tag

In dieser Art schrieb Herr Culler jeden Tag die Erlebnisse auf, die sein Selbstbewusstsein beeinträchtigen. Er schrieb die Erlebnisse von Tag zu Tag ausführlicher auf, und es wurde ihm immer klarer, was sein Selbstbewusstsein beeinflusste. Er bekam in dieser Woche mehr Klarheit über seine Probleme.

Bestandsaufnahme

Nach der Beobachtungswoche folgt ein noch wichtigerer Schritt – die Bestandsaufnahme. Stellen Sie eine Rangfolge der Situationen und Erlebnisse auf, die Ihr Selbstbewusstsein besonders stark beeinträchtigt haben. Formulieren Sie die Situationen so, dass zum Ausdruck kommt, was Sie besser machen wollen. Die Liste von Herrn Culler sah zum Beispiel so aus:

1. Gegen die Bemerkungen von Kollegen durchsetzen. Das richtige Wort finden.
2. Unbefangen dem Chef gegenübertreten.

3. Meine Fähigkeiten richtig einschätzen.
4. Meinen Haarausfall nicht so wichtig nehmen.
5. Meine Frau loben und meinen Ärger nicht an ihr abreagieren.
6. Meiner Frau offen meine Meinungen und Einstellung darlegen.
7. Fremden Personen gegenüber unbefangener sein.
8. Leichter Kontakte schließen.
9. Nicht mehr so empfindlich sein.
10. Wenn beruflich etwas nicht klappt, sollte ich das nicht auf meine Person beziehen.

Herr Culler wurde in seinem Selbstbewusstsein besonders stark getroffen, wenn er sich gegen die taktlosen Bemerkungen von Kollegen durchsetzen sollte. Er konnte dann nicht das richtige Wort finden, weil er sich stets ‹wie gelähmt› fühlte. Am schwächsten wurde Herr Culler in seinem Selbstbewusstsein berührt, wenn beruflich etwas nicht klappte. Hier neigte er dazu, diese Dinge auf seine Person zu beziehen (was er jedoch erkannte).

Wenn Sie die Beobachtungswoche hinter sich haben und Ihre Rangliste aufgestellt ist, sollten Sie weiterlesen. Nun beginnt der nächste und schwierigste Schritt, beginnt der Aufbau von mehr Selbstbewusstsein. Hier müssen Belohnungen als ‹Verstärker› für das neue Verhalten eingeführt werden. In der Verhaltensforschung gibt es eine wichtige Regel: «Wird ein neues Verhalten belohnt oder verstärkt, tritt es in Zukunft häufiger auf.» Und Sie wollen doch, dass Ihr selbstbewussteres Verhalten in Zukunft häufiger auftritt.

Belohnung

Stellen Sie jetzt eine Selbstbelohnungsliste auf, denn ohne Belohnung ist der Erfolg des Verhaltenstrainings in Frage gestellt. Herr Culler stellte beispielsweise folgende Liste auf:

1. Einen Tag Urlaub machen.
2. Mit meiner Frau abends essen gehen.
3. Ein Buch kaufen.
4. Schallplatte kaufen.
5. Freunde einladen.
6. Ins Kino gehen.

Diese Liste ist natürlich nur ein Beispiel. Denken Sie deshalb intensiv über Ihre eigenen Belohnungen nach, und orientieren Sie sich nicht an Herrn Cullers Liste. Für jeden sind wieder andere Dinge in ganz anderer Reihenfolge wichtig und wertvoll.

Nun beginnen Sie mit dem Verhaltenstraining. Schauen Sie in der Rangfolge Ihrer Selbstbewusstseinsprobleme nach, was an unterster Stelle steht. Bei Herrn Culler steht da: «Wenn beruflich etwas nicht klappt, sollte ich das nicht auf meine Person beziehen.»

Sie beginnen mit dem Training auf der untersten Stufe Ihrer Schwierigkeiten, weil es Ihnen da am leichtesten fällt, Ihr Verhalten zu ändern. Gelingt es Ihnen, eine Woche auf dieser Stufe selbstbewusster zu sein, gehen Sie zur nächsten Stufe über. Sobald Sie auch da Erfolg haben, nehmen Sie sich abermals die nächste Stufe vor. Die bereits bewältigten Stufen müssen Sie jedoch immer mit einbeziehen. Je höher Sie auf der Rangfolge nach oben steigen, umso schwieriger wird für Sie natürlich die Verhaltensänderung.

Für jede geschaffte Stufe der Rangfolge müssen Sie sich mit einer Belohnung gemäß Ihrer Belohnungsliste beschenken. Aber auch bei einzelnen positiven Erlebnissen auf einer Stufe ist eine Belohnung gut. Je höher Sie auf Ihrer Rangfolge erfolgreich nach oben steigen, umso stärker sollten auch die Belohnungen sein. Orientieren Sie sich hier an der Rangfolge Ihrer Belohnungen. Wenn Sie auf der untersten Stufe mit der Verbesserung Ihres Verhaltens beginnen, schreiben Sie Ihre Erlebnisse wieder in Ihr Problemtagebuch, und zwar nach dem Schema 1. Tag, 2. Tag, 3. Tag usw. Schreiben Sie auf, wenn es Ihnen gelungen ist, selbstbewusster und gelassener zu reagieren. Versuchen Sie auch herauszufinden, woran das lag. Ist ihnen etwas klar geworden, woran Sie zuvor nicht gedacht haben? Welcher Gedanke hat Sie mutiger gemacht? Schreiben Sie den Gedanken auf, und versuchen Sie, sich über die Hintergründe klar zu werden. Sie sollen sich ja nicht dressieren, sondern mit dem Verhalten auch Ihre Denkgewohnheiten ändern.

Durch den beschriebenen Trainingsplan beschäftigen Sie sich mit Ihren Schwierigkeiten viel bewusster. Die Trainingsart führt Sie zu Überlegungen, die Sie sich sonst nie so systematisch gemacht hätten. Durch bewusstes Arbeiten an Ihren Schwierigkeiten lernen Sie sich selbst viel besser kennen, und es fällt Ihnen nicht so schwer, nach einem Weg zur Überwindung zu suchen. Die aktive Arbeit an der Überwindung eines geringen Selbstbewusstseins ist natürlich nicht ohne Mühe – sie erfordert sogar sehr großen Aufwand. So kann es vorkommen, dass Sie plötzlich auf eine untere Stufe zurückfallen. Lassen Sie sich davon nicht entmutigen, denn das kommt immer wieder einmal vor. Sie sollten dann an dieser Stufe erneut bewusst arbeiten. Auf jeden Fall müssen Sie den Trainingsplan bejahen, damit er erfolgreich ist. Wenn Sie dagegen an die beschriebene Methode nicht glauben und Sie der Versuch nicht überzeugt, dann sollten Sie nicht weiter nach dieser Methode vorgehen, denn das hätte keinen Sinn.

Es gibt Personen, die einfach nicht die Zeit haben und auch nicht die Geduld, nach diesem Trainingsplan zu arbeiten. Wer beispielsweise stark extravertiert ist, wird sich ungern abends vor sein Problemtagebuch setzen, sondern lieber einen Kriminalfilm am Bildschirm verfolgen. Wenn Sie zu unruhig sind, um täglich Ihre Eintragungen zu machen und die Hintergründe für Ihr selbstbewusstes oder weniger selbstbewusstes Verhalten zu erforschen, sollten Sie wenigstens mit einem vertrauten Bekannten oder mit Ihrem Ehepartner Ihre Erlebnisse durchsprechen. Wenn Ihr Zuhörer Verständnis und Geduld hat, ist diese Methode immer noch besser, als überhaupt nichts zu unternehmen. Sie müssen jedoch darauf achten, dass der Partner nicht versucht, Sie zu beeinflussen – und ignorieren Sie die Ratschläge, die Ihrer Persönlichkeitsstruktur nicht gemäß sind. Zum Schluss dieses Kapitels noch eine Begründung für den Trainingsplan mit dem Problemtagebuch. Zunächst soll die Situation, in der geringes Selbstbewusstsein auftritt, genau erkannt, beschrieben und beobachtet werden. Durch die Selbstbeobachtung wird die Selbstkontrolle angeregt, denn die kritischen Situationen sollen bewusst (anstatt verdrängt) werden.

Durch die gewissenhafte Erstellung einer Rangfolge besteht die Möglichkeit, mit dem Leichtesten zu beginnen, um nicht entmutigt zu werden. So wird ganz allmählich das Vertrauen in die eigenen Reaktions- und Verhaltensweisen gestärkt. Es ist unmöglich, geringes Selbstbewusstsein von einem Tag auf den anderen zum Verschwinden zu bringen oder gar in großes Selbstbewusstsein umzuwandeln. Das gelingt nur schrittweise. Ergo: Ein kleiner Erfolg auf einer unteren Stufe stärkt das Selbstbewusstsein auf diesem Gebiet und erhöht die Motivation, weiter an sich zu arbeiten.

Eine Situation, die geringes Selbstbewusstsein weckt, soll kontrolliert werden. Die Einstellung zu dem Problem soll sich langsam wandeln. Es wird der Wille gestärkt, in Zukunft in ähnlichen Situationen gelassener zu reagieren und das geringe Selbstbewusstsein nicht mehr aufsteigen zu lassen. Wenn eine erfolgreiche Technik gefunden wurde, das Problem zu lösen, verstärkt die Selbstbelohnung die neue Technik. Verstärktes Verhalten tritt in Zukunft häufiger auf. Schrittweise wird so das geringe Selbstbewusstsein abgebaut und selbstbewussteres Verhalten aufgebaut. Da dieser Selbsterziehungsprozess je nach Schwierigkeit und Hartnäckigkeit der Probleme einige Wochen oder Monate dauert, verlangt diese Methode Geduld und Ausdauer. Für sehr nervöse, ungeduldige oder extravertierte Personen eignet sich die beschriebene Technik nicht.

Wer das Problemtagebuch zu kompliziert und zeitraubend findet, sollte auf jeden Fall an der Veränderung seiner Einstellung zu sich selbst und seiner Umwelt aktiv arbeiten.

Siebtes Kapitel
Das Bewusstseinstraining

Im ersten Teil wurde die Entstehung des geringen Selbstbewusstseins an Fallbeispielen beschrieben. Sie haben erkannt, welche psychischen und körperlichen Vorgänge sich dabei abspielen. Das geringe Selbstbewusstsein beruht auf Erlebnissen (Frustrationen des Selbstwertgefühls), die eine negative Einstellung zur eigenen Person und zu den Mitmenschen erzeugt haben.

Beispiel für die negative Einstellung zur eigenen Person
Die kleine Gaby wurde wegen ihres Körpergewichts stets getadelt und kritisiert. Durch diese Frustrationen hat Gaby eine negative Einstellung zu ihrer körperlichen Erscheinung entwickelt. Die Minderwertigkeitsgefühle wurden chronisch, führten schließlich zum Minderwertigkeitskomplex. Gaby hat ein geringes Selbstbewusstsein bezüglich ihres Aussehens.

Beispiel für die negative Einstellung gegenüber fremden Personen
Gaby wurde von ihrer Mutter stets vor sexuellen Erlebnissen behütet. Immer wieder schimpfte die Mutter auf ‹die Männer› und malte der Tochter ein düsteres Bild von der Sexualität als ein schreckliches Übel. Das erste sexuelle Erlebnis war für Gaby unglücklicherweise tatsächlich sehr unbefriedigend. Der junge Mann trennte sich anschließend mit zynischen Bemerkungen von ihr. Die bereits durch die Mutter gesäten Vorurteile und

die erlebte Frustration zerstörten Gabys Selbstbewusstsein im sexuellen Bereich. Gaby hat so eine negative Einstellung zur Sexualität und gegenüber dem sexuellen Verhalten der Männer entwickelt.

Die positive Einstellung

Zum einen: Die negative Einstellung zu sich selbst oder gegenüber fremden Personen muss abgebaut werden und einer positiveren Einstellung weichen. Zum anderen: Das Bewusstsein von den eigenen Möglichkeiten und ihrer Entfaltung muss gestärkt werden.

Ein neues Bewusstsein überwindet die negativen Einstellungen und schafft eine positivere Sichtweise. Deshalb ist auch für den Leser, der das Problemtagebuch führt, die Lektüre des folgenden Kapitels erforderlich. Dieses Kapitel soll Denkgewohnheiten ändern helfen und Impulse für einen Einstellungswandel geben.

Befreiung der Liebesfähigkeit

Immer noch glauben viele, der Sexualtrieb erwache erst in der Pubertät – was nicht richtig ist. Er ist vielmehr seit der Geburt vorhanden und wirksam. Mit dieser Entdeckung schockierte Sigmund Freud zu Anfang unseres Jahrhunderts seine Zeitgenossen. Freud beschrieb verschiedene Stufen der sexuellen Entfaltung: orale Phase, anale Phase, phallische Phase, Latenzzeit und schließlich genitale Phase.

Freud erkannte den komplizierten Vorgang der Sexualentwicklung und welche Störungen entstehen können, wenn sich das Interesse auf der oralen, analen oder phallischen Phase fixiert hat. Die Befriedigung der ersten Lebensjahre spielt beim Erwachsenen immer noch eine wichtige Rolle. Das darf nicht verdrängt werden. Wenn eine Fixierung vorliegt, das heißt, wenn sich die Befriedigung einer Phase verselbständigt hat, kann eine Perversion entstehen.

Bei der Fixierung werden andere sexuelle Regungen verdrängt. Das bedeutet: Wichtige erogene Zonen werden von der Befriedigung ausgeschlossen. Dadurch wird die gesunde, vollständige Harmonie des Geschlechtslebens und damit auch des Selbstbewusstseins geschwächt.

Die körperliche Sexualerregung (hervorgerufen durch Sexualhormone) drängt (deshalb die Bezeichnung Trieb) nach Entspannung durch den Orgasmus. Die nicht vollständige sexuelle und seelische Befriedigung führt zu folgenden Symptomen (die jedoch nicht alle auf einmal auftreten müssen):

- Allgemeine leichte Reizbarkeit
- Verstärkte körperliche Unruhe
- Zornausbrüche bereits bei geringfügigen Anlässen
- Gefühl der Unzulänglichkeit
- Bedürfnis, aggressiv zu anderen Personen zu sein
- Bedürfnis, sich selbst zu schädigen
- Machtgelüste
- Neigungen zum verbalen Sadismus: Freude, andere Personen durch Zynismus, Ironie oder Pessimismus zu quälen
- Das vegetative Nervensystem gerät aus der Balance (siehe Seite 69 ff.)
- Apathie, Resignation

Diese Reaktionen bauen die vorhandene Spannung etwas ab, aber nicht vollständig und befriedigend. Aufgrund der Stauung und des unbefriedigenden Restes stellt sich ein diffuses Gefühl der Angst ein, und als Reaktion darauf entsteht meist Anpassung. Aus Angst vor dem Leben, dem Biologischen in der eigenen Person, den Konflikten, die Aggression erzeugen, gibt sich der unbefriedigte, gehemmte Mensch freundlich und ausgeglichen. Aber hinter dieser Maske verbirgt sich Angst und Lust an der Zerstörung.

Die Maske der Freundlichkeit verrät sich meist durch ihre Übertriebenheit – sie wirkt etwas demonstrativ und gespielt. Dahinter verbirgt sich ein zwar angepasster, aber unglücklicher, unbefriedigter und deshalb gefährlicher Mensch, der ‹über Leichen› geht, sobald sich die Möglichkeit dafür ohne Risiko bietet.

Sein Verhalten wird nachträglich als Egoismus bezeichnet und sogar entschuldigt, denn ‹jeder Mensch muss ja einen gesunden Egoismus haben›, um sich im Leben zu behaupten. In Wirklichkeit handelt es sich nicht um gesunden Egoismus, sondern um Rache für die erlebte Frustration. Solch ein Mensch rächt sich an den anderen beispielsweise mit Zynismus, Ironie, Kritik und Herabminderung ihres Wertes. Die Rache kann sich, etwa unter Alkoholeinfluss, sogar bis zum körperlichen Angriff steigern. Nicht selten wird dann Streit provoziert, um andere Menschen massiv tätlich anzugreifen.

Die Rache kann sich bei nach außen gehemmten Menschen auch gegen die eigene Person richten. Der unbefriedigte, frustrierte Mensch richtet die Zerstörungslust in diesem Fall gegen sich selbst und wird krank. Damit will er sagen: «Seht her, was mit mir los ist! Helft mir!»

Die Ehe bietet die Chance zur Entfaltung der Liebesfähigkeit und zum Abbau sexueller Energien. Sehr häufig ist jedoch einer der Ehepartner (sind manchmal auch beide) in seiner (ihrer) Liebesfähigkeit gestört. In diesem Fall ist die Ehe zum Scheitern verurteilt.

Der liebesfähige Partner kann dem gestörten Partner unter Umständen helfen. Meistens jedoch wird der seelisch Gesunde von seinem frustrierten Partner so enttäuscht, dass sich seine gesunde Liebesfähigkeit nicht entfalten kann. Wenn er dann die (notwendige) Trennung weder anstrebt noch verwirklicht, verliert er an Selbstsicherheit.

Enttäuschte Liebe verwandelt sich auf die Dauer sogar in Hass. Dadurch wird die Liebesfähigkeit zerstört. Der gestörte Partner wird zwangsläufig weniger geliebt, wodurch er noch frustrierter wird und dementsprechend reagiert. Das wiederum ist für den gesunden Partner eine Bestätigung dafür, dass er richtig handelt, wenn er nicht liebt und sich skeptisch zurückhält.

Der geliebte Partner wird in diesem Fall sogar etwas gefürchtet, weil er sexuelle Impulse weckt, die unbefriedigt bleiben. Deshalb wird als Selbstschutz dem Sexuellen nicht selten der Charakter des Bösen untergeschoben. Das ist dann die Rechtfertigung dafür, wenn der Ehepartner, der sexuelle Wünsche weckt, aggressiv und gereizt behandelt wird.

Die Versagung der Sexualbefriedigung führt unter anderem zur Aggression. Wenn sich Sexualität und Aggression mischen, entsteht eine Perversion, entsteht der Sadismus. Die Versagung der Sexualbefriedigung kann auch zur Resignation führen. Wenn sich Sexualität und Resignation verbinden, entsteht keine Perversion, sondern eine Störung der körperlichen Liebesfähigkeit, entsteht Impotenz bzw. Frigidität.

In unserer Gesellschaft ist nach wie vor eine starke Prüderie zu beobachten. Die volle Entfaltung der Sexualität wird unterdrückt. Aus dieser Unterdrückung resultiert der zwangsneurotische, hypermoralische Mensch. Man erkennt ihn an seiner Unduldsamkeit und an seiner Härte, mit der er eine strenge Moral fordert.

So lautet die prüde Ideologie des sexuell gehemmten Menschen:

- Außerehelicher Geschlechtsverkehr ist tierisch, schmutzig, sündig.
- Voreheliche Keuschheit und Askese ist unbedingt notwendig.
- Onanie ist ein schlimmes Übel. Auch wenn sie nicht krank macht, verdirbt sie den Menschen in seiner Seele.
- Prostitution ist notwendig, aber moralisch zu verurteilen.
- Der Geschlechtsakt hat mit Liebe wenig zu tun, ist für den Körper aber so notwendig wie Essen und Trinken.
- Sexuelle und zärtliche Strebungen müssen nicht zusammenfallen. Die sexuelle Befriedigung kann man sich auch bei einer Geliebten holen. Der Ehepartner sollte vor allem ein solider Gesprächs- und Lebenspartner sein.

Viele Menschen sind unfähig, ihre sexuellen und zärtlichen Strebungen zu vereinen. Deshalb hat immer nur die halbe Persönlichkeit bei ihren Liebesbeziehungen Anteil. Ein Beispiel soll das klar machen ...

Herr Kosti ist mit 35 Jahren immer noch Junggeselle. Er wirkt auf Frauen sehr ansprechend und hatte bisher viele Freundinnen. Aber keine Frau schaffte es, ihn zu heiraten.

Herr Kosti hat nun wieder eine neue Freundin kennen gelernt. In den ersten Wochen interessierte er sich stark sexuell für sie. Doch dann kommt der Prozess in Gang, den er schon so oft erlebt hat: Die Freundin und Herr Kosti wollen intensiver zusammenfinden, treffen sich jeden Tag, erzählen sich ihre beruflichen Probleme und unterhalten sich auch über sonstige Lebensängste. Aus der anfänglich vorwiegend sexuellen Verbindung entwickelt sich eine Kameradschaft.

Impotenz

Von diesem Moment an kann Herr Kosti zu seiner Freundin kein sexuelles Begehren mehr entwickeln. Sobald sich die kameradschaftlichen Tendenzen verstärken, wird Herr Kosti impotent. Er findet natürlich viele Ausreden, um sein plötzliches sexuelles Desinteresse zu verbergen.

Die Freundin spürt das Nachlassen der sexuellen Strebungen und fühlt sich ungeliebt. Sie spricht Herrn Kosti darauf an. Der wird wütend, und es kommt zum Streit. Herr Kosti trennt sich von seiner Freundin und beginnt einen neuen Flirt. Dieser Vorgang wiederholt sich immer wieder.

Woran liegt das? Herr Kosti weiß es nicht. Wenn er darauf angesprochen wird, warum er noch nicht verheiratet sei, sagt er sehr einleuchtend: «Ich habe die Richtige noch nicht gefunden.»

In Wahrheit leidet Herr Kosti an einer Störung seiner Liebesfähigkeit. Er kann seine sexuellen Strebungen und die kameradschaftlichen Tendenzen nicht ‹unter einen Hut bringen›. Ursache dafür ist ein Erlebnis in der Jugend. Seine erste Liebe scheiterte, als Herr Kosti gegenüber seiner Freundin Sorgen und Probleme schilderte. In dem Moment, als er eine freundschaftliche Beziehung aufbauen wollte, wurde Herr Kosti frustriert. Seine ‹erste Liebe› trennte sich von ihm und zog einen anderen Mann vor.

Herr Kosti erlebte also eine Frustration seiner kameradschaftlichen Tendenzen in dem Moment, als sich Sex und Kameradschaft vereinen wollten. Seit dieser Zeit kann Herr Kosti nur noch eines ungehemmt entfalten: entweder seine Sexualität oder seine Kameradschaftlichkeit. Herr Kosti besitzt ein geringes Selbstbewusstsein gegenüber dem anderen Geschlecht. Er hat Minderwertigkeitsgefühle, die er zu unterdrücken versucht, sobald er bei einer Frau seine freundschaftlichen Strebungen entfalten will. Zur Entfaltung der Liebesfähigkeit gehört jedoch der Zusammenklang beider Strebungen.

Herrn Kosti wurde dieses Problem in einem Gespräch mit einem Psychologen bewusst. Er versuchte, in Zukunft darauf zu achten, und seit dieser Zeit nahm seine Impotenz (die sein Selbstbewusstsein schwächte) immer mehr ab.

Für den selbstbewussten, psychisch gesunden Mann ist der Geschlechtsverkehr kein Potenzbeweis, kein Racheakt und auch keine lästige Ehepflicht. Die selbstbewusste Frau fühlt sich auch nicht als Sexualobjekt, da sie ihre Genitalität bejaht.

Viele Frauen haben sexuelle Minderwertigkeitsgefühle. Für Sigmund Freud war der ‹Penisneid› die Ursache dafür. In Wahrheit ist wohl häufiger die sexual- und körperfeindliche Erziehung im Elternhaus die Ursache. Hinzu kommt, dass viele Männer ihre Minderwertigkeitsgefühle an den Frauen abreagieren.

Der Mann hat keinen Grund, sich der Frau überlegen zu fühlen. Er ist weder besser noch schlechter, weder intelligenter noch dümmer. Und trotzdem versuchte der Mann durch die Jahrhunderte immer wieder, die Frau in ihrem Wert zurückzustufen und sich selbst auf eine höhere Ebene zu stellen. Es sollte einmal untersucht werden, welche tief verwurzelten Minderwertigkeitsgefühle den Mann bis heute dazu veranlassen.

Mit der Emanzipationsbewegung wehren sich immer mehr Frauen gegen die Machtstellung des Mannes. Das wiederum führt zu einem Kampf der Geschlechter, der bei vielen Männern Impotenz verursacht.

Mächtige innere biologische Bedürfnisse drängen zur sexuellen Befriedigung. Minderwertigkeitsgefühle und Machtkämpfe (Drang nach Überlegenheit) verhindern eine problemlose Selbstentfaltung. Das führt erneut zu Minderwertigkeitsgefühlen und Machtkämpfen – besonders in der Ehe.

In der traditionellen Form der Ehe kann der eine Partner den anderen unterdrücken und in der Entfaltung seines Selbstwertgefühls hindern. Sich diese Situation bewusst zu machen bedeutet gleichzeitig, die Ehe in ihrer überlieferten Form in Frage zu stellen. Unsere Zeit sucht wie keine Epoche vor ihr nach besseren und zufriedenstellenderen Wegen der Partnerschaft.

Diese Versuche zur Umgestaltung sollten von allen Seiten unterstützt werden, denn nach meinen Erfahrungen als Psychologe kann die traditionell geführte Ehe eine große Belastung sein. Schauen Sie sich selbst einmal kritisch in Ihrem Bekanntenkreis um. In wie vielen Ehen entdecken Sie eine glückliche Liebesbeziehung? Und: In wie vielen Ehen sind die Partner nach einer gewissen Zeit frustriert, gelangweilt, resigniert und aggressiv!

Wer in einer unglücklichen Ehe lebt, kann trotzdem an die Ehe als eine Glück bringende Institution glauben. Ein Beispiel soll das illustrieren ...

Herr Baumbach kommt in meine Praxis und will sich beraten lassen, weil seine Darmbeschwerden (Schmerzen, Krämpfe,

Durchfall) trotz (konventioneller) medizinischer Behandlung bisher nicht nachgelassen haben. Herr Baumbach (36 Jahre) ist beruflich erfolgreich (Abteilungsleiter in einem chemischen Industriebetrieb), hat zwei Kinder und sagt, er sei ‹einigermaßen glücklich verheiratet›. Was heißt einigermaßen? Im Laufe der Gespräche wird sichtbar, dass er unter starken Schuldgefühlen leidet, weil er mit seiner Frau kaum noch sexuell verkehrt. Er fühlt sich bei seiner Frau impotent, weil er sie nicht mehr begehrt. Da Herr Baumbach attraktiv aussieht, hat er keine Probleme, mit Frauen (die er beruflich kennen lernt) schnell in Kontakt zu kommen.

Herr Baumbach hat seinen Sexualtrieb nicht unterdrückt. Er meldet sich sehr stark, sobald er eine Frau kennen lernt, die ihn interessiert. Nur bei seiner eigenen Frau hat er ‹keine Lust auf Geschlechtsverkehr›. Herr Baumbach fühlt sich in folgendem Konflikt: Er will die Ehe mit seiner Frau nicht aufgeben, weil er glaubt, dass er das seiner Frau nicht antun kann. Außerdem scheut er die finanzielle Belastung einer Scheidung (Unterhaltszahlungen für Frau und Kinder) und die Gewissensbelastung, die Kinder nicht in einer intakten Familie heranwachsen zu lassen.

Andererseits spürt er seinen Sexualtrieb sehr stark und möchte mit 36 Jahren auf Geschlechtsverkehr noch nicht verzichten. Aber bei seiner Frau fühlt er sich unbefriedigt. Da sie ihn häufig an seine ‹ehelichen Pflichten› erinnert und ihm ihre Liebe beteuert, fühlt er sich umso mehr als Versager.

Er hält sich für ‹menschlich unzulänglich›, weil er seine Frau sexuell nicht so begehrt, wie sie es von ihm erwartet, und wie es auch die Gesellschaft und die herrschende Sexualmoral von ‹einem Ehemann› erwartet.

Herr Baumbach glaubt, dass seine Ehe unglücklich ist, weil

er ‹nicht ganz normal› sei. Er hält es für selbstverständlich, dass er seine Frau begehren muss, und ist überzeugt, dass andere Ehepaare glücklicher sind. Das hat bei ihm zu Minderwertigkeitsgefühlen geführt: «Ich bin verkorkst, weil ich andere Frauen sexuell mehr begehre als meine Ehefrau. Ich bin unzulänglich, also kein Wunder, dass meine Ehe unglücklich ist.»

Als Reaktion auf dieses Minderwertigkeitsgefühl stürzte sich Herr Baumbach mit Energie in seine Arbeit und versuchte, durch beruflichen Aufstieg auch seine Ehe ‹aufzuwerten› – außerdem sollten Geschenke die mangelnde sexuelle Liebesfähigkeit ausgleichen. Aber dadurch verbrauchte er viel Energie für den Beruf und wurde sexuell an seiner Frau noch desinteressierter – er wich ihren Zärtlichkeiten aus. So konnte er beispielsweise während des Fernsehens ihre körperliche Berührung (Hand halten) nicht ertragen.

Möglichkeiten zur Problemlösung

Versetzen Sie sich einmal selbst in die Rolle des Psychologen. Was würden Sie Herrn Baumbach raten? Es gibt folgende Möglichkeiten:

1. Herr Baumbach lässt sich scheiden und heiratet eine Frau, die er sexuell begehrt.
2. Herr Baumbach befriedigt seinen Sexualtrieb bei einer Geliebten und hält die Ehe aufrecht.
3. Herr Baumbach versucht, seinen Sexualtrieb bei seiner Frau zu entfalten. Er gibt sich Mühe, lässt sich psychologisch beraten und schickt auch seine Frau in die Behandlung.

Jeder der drei Ratschläge hat seine Vor- und Nachteile. Das soll kurz erläutert werden.

Rat 1

Die Scheidung ist für Herrn Baumbach eine starke finanzielle Belastung. Mit der nächsten Frau kommt er womöglich in denselben Konflikt; dann beginnt das gleiche Spiel erneut. Herr Baumbach hat jedoch eine Frau kennen gelernt, die er sehr liebt und mit der die Ehe glücklich zu werden scheint. Das ist der optimistische Gedanke, der mit der Aussicht auf eine neue, harmonisch verlaufende Ehe entsteht.

Nach mehreren persönlichen Erfahrungen sind die Chancen dieser idealen Liebe jedoch sehr gering. Ich schätze, dass auf 1000 Ehen nur 50 wirklich glückliche Ehe- und Liebesbeziehungen (auf die Dauer eines Lebens) kommen. Das heißt, dass nur etwa 5 Prozent der Ehen wirklich glücklich verlaufen.

Soll man Herrn Baumbach raten, sich mit dieser geringen Wahrscheinlichkeit für die Zukunft scheiden zu lassen?

Rat 2

Herr Baumbach erhält die Ehe aufrecht und befriedigt seinen Sexualtrieb mit einer Geliebten. Diese Lösung ist in der Mittel- und Oberschicht der Bevölkerung weit verbreitet. Für Männer, die dabei keine Schuldgefühle und psychosomatische Symptome entwickeln, ist diese Lösung durchaus praktikabel. Aber für Herrn Baumbach, der bereits Darmbeschwerden hat und in seinem Selbstwertgefühl angeknackst ist, ist das nicht die richtige Lösung.

Rat 3

Diese Lösung ist die beste, wenn sie sich realisieren lässt. Frau Baumbach war jedoch total uneinsichtig. Sie fühlte sich im Recht und wollte geliebt werden. Sie hatte kein Schuldgefühl, denn sie war ihrem Mann treu. Sie ließ ihr Gefühl nicht in Frage stellen. Sie wollte mit ihrem Mann sexuell verkehren. Sie erwartete die Liebe ihres Mannes geradezu als Selbstverständlichkeit.

Der Versuch, Rat 3 zu folgen, scheiterte – Herr Baumbach begehrte seine Frau sexuell nicht stärker als früher. Seine Symptome verstärkten sich. Er fühlte sich erneut als Versager, da er die Lösung 3 nicht verwirklichen konnte.

Was nun? Übrig blieb Lösungsweg 1. Herr Baumbach wollte sich jetzt scheiden lassen. Aber seine Frau stellte sich quer. Sie erklärte sich mit der Ehe trotz ‹Nichterfüllung ehelicher Pflichten› zufrieden, da Herr Baumbach seine Impotenz durch seine finanzielle Potenz wieder wettmachte.

Wie sollte es weitergehen? Herr Baumbach fühlte sich ratlos, unglücklich und krank. Pessimismus und Lebensangst machten sich als Grundstimmung in seiner Seele breit. Er genoss sein Leben nicht, sondern brachte einen Tag nach dem anderen ohne Lust und Laune hinter sich.

Herrn Baumbach konnte jetzt nur durch ein Bewusstseinstraining geholfen werden. Er musste seinen Konflikt akzeptieren und aktiv lösen. Es wurden ihm alle drei Lösungsmöglichkeiten nochmals bewusst gemacht. Nach reiflicher Überlegung blieb ihm nur ein Weg: Einzig Lösung 1 bedeutete für ihn eine akzeptable Zukunft.

Mit Herrn Baumbach wurde durchgesprochen, was er von der Liebe erwartet. Es wurde erkannt, dass sexuelles Glück für ihn sehr wichtig war. Seine Ehefrau empfand er als sexuell starr und unkreativ – er hatte wohl den falschen Partner zu voreilig geheiratet. Diese schnelle Wahl sollte korrigiert werden. Herr Baumbach wollte einen Partner suchen, der sexuell seinen Vorstellungen besser entsprach.

Während des Bewusstseinstrainings stellte sich heraus, dass Herr Baumbach seine Frau wenig anziehend fand: Ihrer körperlichen Ausstrahlung fehlte die Erotik, und auch die Art ihres Denkens lag ihm nicht. Es wurde ihm empfohlen, mit seiner Frau über diese Probleme zu sprechen und ihr klar zu machen, dass eine Trennung besser sei als ein trostloses weiteres gemeinsames Leben. Herr Baumbach nahm sein Leben nun mit wacherem Blick aktiv in die Hand. Er fasste Mut, seine Wünsche und Vorstellungen offen auszusprechen, konnte seiner Frau sagen, dass er sie nicht liebte. Das erleichterte ihn, und seine Darmbeschwerden besserten sich – allerdings nicht ganz, denn das Problem war noch nicht gelöst.

Aber das Selbstbewusstsein Herrn Baumbachs wuchs, weil er seine Probleme aktiv zu lösen versuchte. Ob seine Aktivität erfolgreich sein wird, ist natürlich ungewiss. Auf jeden Fall hatte Herr Baumbach neue Hoffnung entwickelt. Er war überzeugt, bald zu jenen 5 Prozent der Bevölkerung zu gehören, die irgendwann in ihrem Leben eine dauerhafte glückliche Liebesbeziehung entfalten können.

Das Beispiel zeigt, dass es keine allgemein gültigen Regeln gibt. Jeder muss sein Leben selbst aktiv in die Hand nehmen.

Er muss begangene Fehler zugeben können und seine Liebesfähigkeit ehrlich zu entfalten versuchen. Zur Liebe kann niemand gezwungen werden. Wenn Sexualität, Zärtlichkeit und Freundschaft in einer Verbindung nicht zusammenkommen, sollte die Situation offen durchgesprochen werden. Es sollte eine positive Lösung für die Zukunft gefunden werden, denn jeder Mensch hat ein Recht auf volle Entfaltung seiner Liebesfähigkeit.

Ehekrisen sind normal. Kein Paar bleibt auf die Dauer davon verschont. Der Sexualforscher und Freud-Nachfolger Wilhelm Reich schrieb 1926 über die Hauptkrise der Ehe: «Jahrelange Monogamie bringt eine Abstumpfung der genitalen Anziehung mit sich, die nur selten in stille Resignation ausläuft. Viel häufiger führt sie zu schweren Konflikten in der Ehe.»

Die Gründe dafür sind vielfältig. Die sexuelle Befriedigung ist in der Ehe leicht möglich. Es besteht keine Notwendigkeit, den Partner zu erobern. Die Spannung der Eroberung lässt also nach. Wenn das Erobern wegfällt, schwindet bei vielen Männern das Verlangen. Wenn die Frau den Geschlechtsverkehr als eheliche Pflicht erwartet, entsteht als Gegenreaktion Impotenz und im schlimmsten Fall Hass.

Die Frau will erobert werden. Sie möchte sich nicht nur ‹sachlich› für den Geschlechtsverkehr bereithalten, nur um sich vor dem Gesetz keiner Eheverfehlung schuldig zu machen. Je selbstverständlicher aber der Sexualverkehr wird, desto mehr stumpft er ab.

Der Streittrick

Manche Ehepaare helfen sich in diesem Dilemma mit einem unbewusst angewandten Trick: Sie streiten sich. Nach dem Streit muss der Ehemann versuchen, seine Frau wieder zu erobern. Sie hat auf diese Weise das Gefühl, dass sie sich nicht dazu hergeben muss, sondern dass sie darüber entscheiden kann, ob sie sich erobern lassen will oder nicht. Er dagegen hat das Gefühl, wieder ein Eroberer zu sein. Die Folge nach überstandenem ‹Streit›: Bei beiden steigt das Selbstwertgefühl.

Die meisten Ehepartner stehen nach einiger Zeit fassungslos vor dem Nachlassen der sexuellen Anziehung. Sie fühlen sich deshalb schuldig und sogar minderwertig, weil ihnen niemand sagt, dass dieser Vorgang normal ist. Da die Befriedigung nicht mehr so intensiv ist, verstärkt sich das Interesse für andere Partner, die sexuelle Neugier wecken. Zunächst wird der Wunsch in Träumen und Phantasien abreagiert.

Die Untreue wird abgelehnt, weil sie als unmoralisch und sündhaft gilt. Es können sehr schwere Schuldgefühle entstehen. Deshalb werden sexuelle Wünsche meist verdrängt. Es droht die seelisch-körperliche Erkrankung, wenn die Treue weiter auf Zwang beruht – und die Hemmung der sexuellen Entfaltung verstärkt sich.

Der beschriebene Konflikt führt sogar zu Persönlichkeitsveränderungen. Sexuelle Askese (die in der Ehe sehr häufig ist) führt zur Steigerung der allgemeinen Ängstlichkeit. Das ist fatal, denn glückliche sexuelle Befriedigung fördert die Unerschrockenheit und steigert das optimistische, mutige Lebensgefühl.

Der impotente Mann und die frigide Frau fühlen sich dagegen minderwertig. Die häufige Folge: Sie halten sich auch auf anderen Gebieten für schwach. Sexuelle Befriedigung ist also notwendig für die Erhaltung eines gesunden seelischen Gleichgewichts und eines gut begründeten Selbstbewusstseins.

Ein unbefriedigendes Geschlechtsleben ist gefährlich. Die unbefriedigte Sinnlichkeit bleibt nicht stumm. Sie ist eine elementare Frustration, die Reaktionen im Körper und in der Seele verursacht. Außerdem führt sie zur Resignation (Anpassung) oder zur Aggression. Es wurde zwar wissenschaftlich bisher noch nicht untersucht, welche Reaktion häufiger vorkommt, doch ich vermute aufgrund meiner bisherigen Erfahrungen, dass Resignation und Aggression oft gemeinsam auftreten.

Die ängstliche Anpassung gegenüber allem, was mächtiger erlebt wird als das eigene schwache, unbefriedigte Ich, führt zu einer Stauung des elementaren Entfaltungsdrangs. Das führt wiederum zur aggressiven Entladung gegenüber Schwächeren (Sündenböcke). Die Schwächeren sind beispielsweise der Ehepartner, die Kinder, untergebene Mitarbeiter, Personen, die mit geringem Selbstbewusstsein auftreten. Frustrationen jeder Art werden also nach unten weitergegeben. Dort erzeugen sie neue Frustrationen und erneute Resignation und/oder Aggression.

All das unterstreicht: Eine Gesellschaft, die mit strengen monogamen Moralgrundsätzen die Sexualität unterdrückt, neigt zur resignierenden Anpassung, zur Kompensation der Minderwertigkeitsgefühle durch Leistung und zur Steigerung der Aggressivität.

Entfaltung Ihrer weiteren Fähigkeiten

Mit dieser Aufforderung zur Entfaltung sind nicht nur die Leistungsfähigkeiten gemeint, wie beispielsweise Intelligenz, Kreativität, Gedächtnis und Konzentrationsfähigkeit. Zu Ihren Fähigkeiten gehören auch Persönlichkeitseigenschaften wie Kontaktfähigkeit, Optimismus, Toleranz, soziales Einfühlungsvermögen und Sensibilität.

An der Entfaltung der Leistungsfähigkeit und Ihrer Persönlichkeitseigenschaften wurden Sie in der Kindheit gehindert. Diese Unterdrückung setzt sich bis ins Erwachsenenalter fort. Wenn die Eltern nicht wollen, dass ihr Kind aufs Gymnasium geht, weil es ihnen angenehmer ist, wenn ihr Kind rechtzeitig Geld verdient, dann geschieht das mit den entmutigenden Argumenten: «Du bist eben nur Durchschnitt. Fürs Gymnasium müsstest du intelligenter sein.»

Dieses Argument haftet im Bewusstsein eines Kindes. Es fühlt sich in seiner intellektuellen Entfaltung von Anfang an gehemmt. Später bleibt nur noch der mühsame zweite Bildungsweg. Aber dazu sind viel Energie, Dynamik und Entfaltungsdrang erforderlich. Meist ist jedoch der unterdrückte und in seiner Entfaltung von der Umwelt gehemmte Mensch dazu dann nicht mehr in der Lage. Großen Schaden richtet das Vorurteil an, die Intelligenz sei hauptsächlich ererbt. Diese Meinung hat verheerende Folgen, weil dann schlechte oder durchschnittliche Schulnoten als Schicksal interpretiert werden, gegen das man nicht angehen kann.

Intelligenztests haben zwar gezeigt, dass es erhebliche Intelligenzunterschiede zwischen Menschen gibt, doch beruhen diese nicht auf unterschiedlicher Intelligenzvererbung, sondern auf Faktoren, die die Entfaltung förderten oder hemmten. Dabei haben wissenschaftliche Untersuchungen ergeben, dass die Intelligenz von folgenden Faktoren gehemmt wird:

- Niederes soziales Milieu des Elternhauses
- Seelische und körperliche Krankheiten
- Liebloser und strafender Erziehungsstil der Eltern
- Strafender und gleichgültiger Erziehungsstil der Lehrer und Chefs

Diese Faktoren fördern die Intelligenz:

- Hohes soziales Milieu des Elternhauses
- Seelische und körperliche Gesundheit
- Liebevoller und lobender Erziehungsstil der Eltern
- Lobender und fördernder Erziehungsstil der Lehrer und Chefs

Kinder aus gehobenem sozialen Milieu haben also Vorteile, ihre Intelligenz zu entfalten. Sie sind auch in ihrer Sprachentwicklung weiter als Kinder aus der Unterschicht.

Sie sollten gegen das Vorurteil, Intelligenz sei vorwiegend angeboren, protestieren. Wer die Vererbung der Intelligenz betont, hält sich unausgesprochen selbst für intelligent und will sich einer Elitegruppe zugehörig fühlen. Der ‹Unintelligente› dagegen entschuldigt mit der Vererbung seine Resignation. Der Gedanke ist für ihn außerdem bequem: «Das ist eben Schicksal, dass ich nicht zu den Intelligenten gehöre.»

Denken Sie nie wieder, Intelligenz sei vorwiegend angeboren. Lassen Sie Ihr Selbstbewusstsein davon nicht mehr drücken, und hemmen Sie auch nicht das Selbstbewusstsein Ihrer

Kinder. Entfalten Sie ihre Fähigkeiten und ihre Intelligenz. Vor allem: Resignieren Sie nicht. Es besteht für Sie kein Grund, ein geringes Selbstbewusstsein auf intellektuellem Gebiet zu haben.

Das Gleiche gilt für andere Leistungsfähigkeiten. Auch die Kreativität haben nicht nur wenige gepachtet. Jeder kann kreativ und schöpferisch sein. Erinnern Sie sich: In Ihrer Kindheit wurden Ihre schöpferischen Impulse vielleicht nicht genügend beachtet und gefördert, wurden Sie zur Anpassung gezwungen – schließlich sollten Sie ‹ordentliche Leistungen› bringen. Ihre Ideen hat niemand ernst genommen.

Befreien Sie sich von diesen einprogrammierten Enttäuschungen. Sie können kreativ sein, wenn Sie sich nicht länger unterdrücken lassen. Befreien Sie Ihr Denken, lassen Sie Ihre Gedanken und Ideen nicht länger von Ihren Mitmenschen abwerten.

Es gibt Bücher mit Programmen zur Kreativitätsschulung. Kaufen Sie sich diese Bücher, und üben Sie nach diesen Programmen. Sie können Ihre Kreativität entfalten, wenn Sie genügend Energie und Dynamik dafür einsetzen.

Das Gleiche gilt für alle anderen Fähigkeiten und Persönlichkeitseigenschaften. Persönlichkeit ist ebenso wenig schicksalhaft angeboren wie Charakter. Sie können sich aus diesem Schema befreien, können sich ändern, denn Sie müssen nicht auf der Stufe verharren, auf der Sie aufgrund Ihrer Erziehung im Moment stehen. Entfalten Sie daher Ihre Persönlichkeit, und verfügen Sie über sich selbst. Dieses Kapitel soll eine Aufforderung dazu sein. In diesem Zusammenhang sollten Sie, falls Sie das Problemtagebuch bisher nicht führen, es sich noch mal durch den Kopf gehen lassen, ob Sie nicht doch damit beginnen wollen.

Selbstsicherheit und Lebensziele

Können Sie den Sinn Ihres Lebens benennen? Schreiben Sie in Ihr Problemtagebuch eine Rangliste Ihrer Lebensziele. Aus Ihren Zielen können Sie die Vorstellung vom Sinn Ihres Lebens ableiten.

Lebensziele 1

Ein Beispiel für die Rangliste der Lebensziele. Herr Bülow, 27 Jahre alt, verheiratet, zwei Kinder, kaufmännischer Angestellter, stellte folgende Liste auf:

1. Reichtum und Unabhängigkeit
2. Beruflicher Einfluss, Aufstieg, mehr Verantwortung
3. Glückliche Familie, gesunde Kinder
4. Mehr Freiheit für Hobbys
5. Gute Freundschaften pflegen.

Der Sinn des Lebens liegt für Herrn Bülow also vorwiegend im Berufserfolg und im materiellen Besitz. Herrn Bülows Selbstbewusstsein ist daran gekoppelt. Je mehr er seine Ziele verwirklichen kann, umso selbstbewusster wird er.

Lebensziele 2

Ein anderes Beispiel für eine Rangliste der Lebensziele stammt von Herrn Montan, 30 Jahre alt, unverheiratet, Hochschulassistent. Er stellte folgende Liste auf:

1. Wissen ansammeln und Entfaltung meiner Intelligenz
2. Auf eine höhere geistige Stufe kommen
3. Anderen Menschen nützlich sein
4. In meinem Fachgebiet etwas leisten

Für Herrn Montan liegt der Sinn des Lebens vorwiegend auf intellektuellem Gebiet. Er möchte seine geistigen Fähigkeiten entfalten.

Wie auch immer die Vorstellungen sind: Jeder Mensch will seine Lebensziele verwirklichen. Und noch etwas ist allen gemeinsam: Das Leben erscheint unglücklich, wenn Wertvorstellungen durchkreuzt werden und sich Lebensziele nicht realisieren lassen.

Das sind die wichtigsten Wertvorstellungen (wobei die Reihenfolge nicht als Rangfolge gedacht ist):

- Theorie, intellektuelle Leistungen
- Ökonomie, berufliche Karriere
- Ästhetik, Schönheit und Kunst
- Soziale Interessen
- Macht, politischer Einfluss
- Religion, Mystik
- Liebe

Oft strebt ein Mensch nach mehreren Wertvorstellungen zugleich. Napoleon zum Beispiel war neben seinem Machtstreben auch für Ästhetik und Kunst aufgeschlossen. Sein Machtstreben stand jedoch im Vordergrund, während sein Kunststreben (und -sammeln) für ihn wohl mehr nur Statussymbol zur Demonstration seines Rangs war.

Wertvorstellungen können sich ändern. Robert Jungk,

ehemals Honorarprofessor für Zukunftsforschung an der Technischen Universität Berlin, äußerte im Juni 1972 in einem Interview mit dem Wirtschaftsmagazin *Capital*: «Ich denke etwa an die Forschungen meiner Kollegen Baier und Resher in Pittsburgh, die wie auf einem Börsenzettel das Steigen und Fallen weltanschaulicher Werte fixiert haben. Danach steigen Werte wie Kollegialität, Hilfsbereitschaft, Sicherheit und Gefühlswärme, und es fallen Karriere, Geld und Prestige.»

Ob ein Mensch hilfsbereit oder egoistisch, pessimistisch oder optimistisch, mutig oder feige, geradlinig oder verschlagen ist, hängt auch davon ab, wie er mit seinen Minderwertigkeitsgefühlen fertig wird.

Die meisten haben ihr Streben nach Macht und Geltung verdrängt. Der Wille zu Macht und Prestige ist vorhanden, wenn auch unbewusst – und er kann jedem gewählten Wertgebiet zugrunde liegen. Das zeigt folgende Aufstellung:

- Der Verstandesmensch sucht intellektuelle Überlegenheit.
- Der ökonomisch orientierte Mensch will durch Geld und Besitz seine Überlegenheit zeigen.
- Der Ästhet sucht durch Kunstgenuss mehr zu sein als andere.
- Der soziale Mensch will durch soziale Handlungen beweisen, dass er anderen Leuten nützt. Dadurch stärkt er sein Gefühl der Überlegenheit. Er kann auf die unsozialen Egoisten schimpfen und sich dadurch als etwas Besseres fühlen.
- Der Machtmensch strebt nach Prestige und Überlegenheit. Er scheut sich nicht, seine Statussymbole offen zu zeigen.
- Der religiöse Mensch verschafft sich Überlegenheit durch sein intimeres Verhältnis zu Gott.

Beachten Sie Ihre Gefühle

Der Selbstunsichere kann sich meist nur schwer durchsetzen. Er hat keinen Mut, seine Ziele und Wünsche offen anzugehen, ist zaghaft und lässt sich von selbstsicheren Menschen und Autoritäten leicht einschüchtern. Durch seine Bescheidenheit und Zurückhaltung wird er ständig unsicherer, kann sich schließlich nur noch gegenüber Schwächeren durchsetzen. Seine Selbstbehauptung ist hier sogar übertrieben forsch, denn hier wagt er es, sein Machtbedürfnis und seine Sehnsucht nach Überlegenheit heftig auszuleben.

Weil der Selbstunsichere spürt, dass die Selbstbehauptung gegenüber Schwächeren keine großartige Leistung ist, fühlt er sich nicht zufrieden. Sein Selbstbewusstsein wächst nicht, sondern wird noch geringer.

Deshalb sollten Sie nie nach unten, sondern ‹nach oben treten›. Das ist leicht gesagt und schwer zu realisieren. Doch versuchen Sie es: Seien Sie kritisch gegenüber dem Verhalten von Eltern, Chefs, Bekannten und Freunden, die Sie unterdrücken und mit ihrer Macht erpressen wollen. Lassen Sie auf keinen Fall Ihre individuelle Persönlichkeit vergewaltigen, denn Sie haben ein Recht auf Entfaltung Ihrer Person – niemand darf Ihnen Vorschriften machen. Schließlich: Achten Sie mehr auf Ihr Gefühl, denn das führt Sie näher zur Wahrheit.

Jeder muss sich selbst verwirklichen. Diese Aufgabe kann Ihnen niemand abnehmen. Sie müssen sich selbst finden. Ihre Mitmenschen können Ihnen dabei nicht helfen. Sie wollen Sie nur nach ihren egoistischen Zwecken beeinflussen. Lassen Sie sich das nicht gefallen. Verwirklichen Sie Ihre eigenen Ziele.

Gehen Sie Ihren eigenen Weg. Orientieren Sie sich an den Vorstellungen von unabhängigen Menschen, nicht nur an den Wünschen von Autoritäten (zum Beispiel Eltern, Lehrer, Chefs). Bilden Sie sich Ihre eigene Meinung. Kämpfen Sie gegen Unrecht, das man Ihnen zufügt. Wer Unrecht hinnimmt, macht sich selbst mitschuldig. Diese Schuld spüren Sie, vielleicht nicht bewusst, aber unbewusst ist sie wirksam.

Verlassen Sie sich in Zukunft mehr auf ihr Gefühl. Sie spüren dann die Wahrheit. Der Verstand kann Sie dagegen ‹ganz logisch› in die Irre führen. Aber Ihr Gefühl führt Sie selten in die Irre. Wenn Sie sich auf Ihr Gefühl verlassen, spüren Sie, was für Sie wichtig und richtig ist. Wenn Sie auf Ihr Gefühl hören, haben Sie auch eher den Mut zur Selbstbehauptung. Nämlich aus Ihrem Inneren holen Sie tiefe Überzeugungen. Wenn Sie sich nur auf Normen, Theorien und Meinungen stützen, bleibt Ihre Energie schwach und oberflächlich.

Haben Sie den Mut, sich mit Vernunft und Überlegung gegen die Meinung der Mehrheit und der Autoritäten zu stellen. Unternehmen Sie das, was Sie wirklich wollen und wünschen. Lassen Sie sich nicht mehr unterdrücken. Befreien Sie Ihre Wünsche, Ihre Gefühle und Ihre Sehnsüchte. Beginnen Sie neu. Sie spüren in sich eine Kraft. Sie haben Gedanken, die Sie meist verdrängen. Lassen Sie diese Gedanken auf sich zukommen. Wehren Sie sie nicht ab. Sie können Ihre innersten Hoffnungen und Wünsche, die Sie schon längst begraben haben, realisieren. Sie waren bisher mutlos. Ihre Umwelt hat Sie klein, bescheiden und böse gemacht. Sie begnügten sich mit der kleinen Rache an den Schwächeren.

Gehen Sie Ihre Ziele jetzt mit mehr Mut an. Packen Sie Ihr Problem an der Wurzel. Worunter leiden Sie am meisten? Stellen Sie eine Rangliste auf.

Herr Munten machte folgende Liste. An erster Stelle stehen seine stärksten Probleme:

1. Ärger mit dem Chef. Er reagiert seine eigene Unzulänglichkeit an mir ab.
2. Die finanziellen Belastungen sind zu hoch (Bausparvertrag, Auto, Urlaub, neue Möbel).
3. Am Wochenende muss ich mich zu sehr der Familie widmen.
4. Meine Frau ist zu streitsüchtig.
5. Man hält mich nicht gerade für intelligent.

Möglichkeiten der Lösung

Herr Munten sollte seine Probleme bei Punkt 5 angehen. Zunächst sollte er seiner Umwelt klar machen, dass er intelligent ist. Er sollte immer wieder beweisen, dass er über einen scharfen Verstand verfügt, den er auch einsetzt, und sich selbst bewusst machen, dass er an seiner mangelnden Schulbildung nicht selbst schuld und dass sie kein Beweis für mangelnde Intelligenz ist.

Dann sollte Herr Munten seiner Frau sagen, dass er ihre Streitsucht nicht mag. Er sollte ihr sagen, dass er sie liebt, aber den Kopf deshalb nicht in den Sand steckt. Er sollte am Wochenende auch seine Hobbys pflegen und seiner Familie sagen, dass er ein Recht auf Entfaltung seiner Interessen hat. Das gleiche Recht gesteht er ja jedem Familienmitglied zu.

Wenn er das alles geschafft hat, kann er auch seine finanziellen Belastungen vermindern. Er löst seinen Bausparvertrag auf, plant einen preiswerten Urlaub, verkauft sein neues Auto und schafft sich einen günstigen Gebrauchtwagen an. Schließlich beschließt er, in Zukunft auf neue Möbel zu verzichten, da sie nicht unbedingt zum Lebensglück gehören.

Wenn Herr Munten so weit ist, dann kann er auch die Autorität seines Chefs verkraften. Wenn man sich selbst ändert, kann man nicht erwarten, dass sich alle anderen auch ändern.

Selbstsicherheit gibt Distanz, Verständnis und Toleranz. Man steht mehr über den Dingen, nimmt sie nicht mehr so sehr persönlich und gewinnt damit die Fähigkeit, den anderen mit seinen Schwächen zu tolerieren und zu akzeptieren. Zum Beispiel nimmt man autoritären oder aggressiven Menschen etwas den Wind aus den Segeln, wenn man gelassen (selbstsicher) auf ihre Ausbrüche reagiert. Man ist fähig, sie trotzdem ernst zu nehmen und vermittelt damit beim anderen das Gefühl: Es ist gar nicht notwendig, seine ‹Stärke› zu demonstrieren. Der autoritäre und aggressive Mensch, im tiefsten Inneren unsicher, fühlt sich akzeptiert und gewinnt auch mehr Selbstsicherheit.

Entfaltung Ihrer Persönlichkeit

Jeder Mensch besitzt eine individuelle Persönlichkeitsstruktur. Das ist ein kompliziertes System von Charaktereigenschaften und Leistungsfähigkeiten. Jede Eigenschaft und jede Leistungsfähigkeit ist bei allen Menschen vorhanden, nur die Ausprägung variiert.

Die Ausprägung von Persönlichkeitseigenschaften entsteht im Laufe der Entwicklung in Lernvorgängen. Da entstandene

Ausprägungen in einem Menschen ‹festsitzen›, sie sozusagen ‹einprogrammiert› sind, entsteht der Eindruck, als hätte dieser Mensch diese Eigenschaften schon immer besessen. Das unterstützt den Glauben, Persönlichkeitseigenschaften seien angeboren.

Da die Eigenschaften so fest eingeprägt sind, lassen sie sich nur schwer verändern. Grund zur Veränderung besteht nur dann, wenn der Mensch bzw. seine Umgebung unter der Eigenschaft leidet.

Meist geht es jedoch gar nicht darum, dass viele Eigenschaften verändert werden sollten. Vielmehr geht es um die volle Entfaltung der ganzen Persönlichkeit. Die meisten Menschen lassen Ihre Eigenschaften und Fähigkeiten verkümmern. Sie werden nicht zur Entfaltung angeregt, sondern an der Entfaltung gehindert. Die Kreativität zum Beispiel ist eine Fähigkeit, die jeder Mensch besitzt, die jedoch nur selten entfaltet wird, weil sie in der Schule und von den Eltern nicht richtig gefördert und beachtet wird. Ähnlich ergeht es vielen anderen Persönlichkeitsmerkmalen. Nicht gefördert und entfaltet werden meist:

- Künstlerische Talente, weil sie als unseriös oder brotlos gelten.
- Eidetische Fähigkeiten (bildhaftes Vorstellungsvermögen), weil sie nicht beachtet werden.
- Mitfühlendes Einfühlungsvermögen, weil man nach dem Motto lebt: Jeder ist sich selbst der Nächste.
- Großzügigkeit, weil man glaubt, dass Ordnung und pedantische Korrektheit zum Erfolg führen.
- Unabhängigkeit, weil Abhängigkeit Sicherheit gibt.

Gefördert werden dagegen folgende Persönlichkeitsmerkmale:

- Intelligenz, weil sie das berufliche Weiterkommen fördert.
- Anpassung, weil sie einen problemlosen Umgang erleichtert.
- Besitzstreben, weil Besitz Sicherheit bietet und Geltung verschafft.
- Fleiß, weil er den Menschen brauchbar und nützlich macht.
- Geltungsstreben, weil es den Menschen ehrgeizig macht.

Über viele Persönlichkeitsmerkmale wird wenig gesprochen, weil man ihre Bedeutung nicht herabmindern will, aber auch ihren Wert nicht allzu stark betonen möchte: Liebesfähigkeit, Hilfsbereitschaft, Gemeinschaftsgefühl, Sinnlichkeit, Sensibilität. Aber gerade diese Eigenschaften sind für das Lebensglück besonders wichtig. Ein Mensch, der nicht liebesfähig und hilfsbereit ist, kein Gemeinschaftsgefühl kennt, nicht sinnlich und sensibel ist, kann nicht glücklich sein. Berufserfolg und Besitz nützen ihm nichts. Jeder braucht zwar genug Geld, um seinen Lebensunterhalt zu bestreiten, aber die wirklich wichtigen Dinge, die sein Leben glücklich machen, die kann er nicht kaufen. Und das sind: Liebe, Freundschaft und sinnliches Erleben.

Nicht selten müssen beruflich sehr Erfolgreiche plötzlich erkennen, dass sie nicht mehr genießen können. Ein wichtiger Grund ist der, dass sie die Freude am Genuss durch die Fixierung auf ihre Arbeit nie richtig entfaltet haben. Vor allem leidet die Liebesfähigkeit: Nach dem Stress des Alltags sind die Sinne stumpf, macht die Sexualität keinen Spaß mehr.

Der Versuch, Minderwertigkeitsgefühle durch Berufsleistung zu kompensieren, ist meist zum Scheitern verurteilt. Die innerlich gefühlte Schwäche ist zwar ein Motor für gute Leistungen, vor allem mit aggressiver Tendenz (Konkurrenz überflügeln), aber die Minderwertigkeitsgefühle können dadurch nur überdeckt werden. Sie verschwinden nicht und treten mit der Müdigkeit und dem Gefühl, das Leben nicht voll gelebt zu haben, verstärkt auf.

Im schlimmsten Fall nimmt sich der ‹arme Erfolgreiche› sogar das Leben. Der Neusser Psychotherapeut Dr. Hellmut Sopp hat einmal geschätzt, dass in der (alten) Bundesrepublik Deutschland pro Jahr etwa fünfhundert gut bezahlte Manager ihrem Leben ein Ende setzen. Sie haben wohl erkannt, dass sie ihr Lebensglück nicht finden konnten – und resignierten. Mit dem Selbstmord dokumentierten sie, dass sie eine Möglichkeit der Besserung für unmöglich hielten.

Wer sein Leben glücklich leben will, sollte dem Stress des Alltags bewusst begegnen und ihn bewältigen. Er sollte ungesunden Ehrgeiz senken und seine Persönlichkeit entfalten, vor allem seine Liebesfähigkeit und Kontaktfähigkeit, sollte sich um seine Freunde kümmern und die Karriere nicht mehr zu wichtig nehmen. Nur die Entfaltung der ganzen Persönlichkeit macht glücklich. Arbeit, Verantwortung und Anerkennung gehören natürlich auch dazu.

Stellen Sie sich einmal folgende Frage: «Was würde ich tun, wenn mir der Arzt sagt, dass ich nur noch drei Monate zu leben habe? In dieser Zeit habe ich keine Schmerzen und bin nicht bettlägerig.» Sicher geht es Ihnen jetzt genauso wie den meisten Menschen: Der Beruf würde plötzlich unwichtig. Sie würden eine Reise machen und das Leben in vollen Zügen genießen, würden weniger Rücksicht auf Konventionen nehmen und nur noch nach Ihrem Geschmack leben, würden endlich das tun, wonach Sie sich schon immer gesehnt haben. Plötzlich hätten Sie den Mut dazu, sich zu entfalten.

Stellen Sie sich diese Frage deshalb häufiger, wenn Sie beruflichen Ärger haben und mit Ihrem Leben unzufrieden sind. Sie werden feststellen, dass Sie dann mit mehr Selbstsicherheit die Dinge anstreben, die Ihnen wirklich wichtig sind.

Aufgaben zum Nachdenken

Betrachten Sie die folgenden Aufgaben bitte als Denkimpulse, um Ihre Bewusstseinsveränderung an konkreten Beispielen zu prüfen. Diese Aufgaben sind kein Test. Die ‹Lösungen› finden Sie deshalb direkt nach jeder Aufgabe.

Lesen Sie die Situationen aufmerksam durch. Hier werden Beispiele geschildert, in die Sie sich leicht hineindenken können. Es stehen jeweils drei Antworten zur Wahl. Kreuzen Sie bitte die Antwort an, die am ehesten auf Ihr Verhalten zutreffen könnte.

Das Testergebnis

1. **Stellen Sie sich vor, dass Sie bei einem Test, der Selbstsicherheit misst, unterdurchschnittlich abgeschnitten haben. Wie würden Sie auf dieses Testergebnis reagieren?**
a) Ich finde mich damit ab, dass ich nicht sehr selbstsicher bin.

b) Ich denke, dass das Testergebnis wahrscheinlich nicht zutrifft.
c) Ich nehme mir vor, meine Selbstsicherheit zu verbessern.

Interpretation
a) Sie haben gelernt, unbefangen Ihre Schwächen einzusehen. Ihre Antwort zeigt aber auch, dass Sie noch nicht stark genug sind, Ihre Minderwertigkeitsgefühle als überwindbar anzusehen.
b) Sie benutzen einen Abwehrmechanismus: Sie rationalisieren ein Ihnen unangenehmes Gefühl. Durch Ihre Abwehr nehmen Sie sich die Möglichkeit einer wirklichen Verarbeitung.
c) Sie sind bereit, eine Schwäche aktiv zu bewältigen. Das ist eine gute Voraussetzung für eine erfolgreiche Selbstentwicklung.

Angst vor einem Vortrag

2. **Man bietet Ihnen an, über ein interessantes Thema einen kurzen Vortrag zu halten. Sie möchten diese Aufgabe zwar übernehmen, haben aber Angst, sich bei dem Vortrag zu blamieren. Was tun Sie in dieser Situation?**
a) Sie halten den Vortrag nicht.
b) Sie übernehmen die Aufgabe, lassen Ihr Manuskript aber von einem Kollegen vortragen.
c) Sie riskieren eine Blamage und halten den Vortrag.

Interpretation
a) Sie sollten mehr wagen, denn nur dann haben Sie auch die

Chance, Erfolgserlebnisse zu bekommen, die Ihre Selbstsicherheit verbessern.
b) Sie bringen sich selbst um die Früchte Ihrer Arbeit. Dadurch, dass Sie die Verantwortung abschieben, können Sie kein wirkliches Erfolgserlebnis erhalten. Wird Ihr Manuskript negativ beurteilt, haben Sie keine Möglichkeit, Einwände zu widerlegen. Wird Ihr Manuskript dagegen positiv beurteilt, werden Sie sich vorwerfen, den Vortrag nicht selbst gehalten zu haben.
c) Sie stehen für Ihre Leistung ein und bejahen die Verantwortung. Sie versuchen, Ihre Minderwertigkeitsgefühle zu überwinden, indem Sie bereit sind, Kritik an Ihrer Arbeit zu akzeptieren und zu verarbeiten. Damit sind Sie auf dem richtigen Weg zur Verbesserung Ihres Selbstbewusstseins.

Kritik

3. Sie haben erfahren, dass eine Kollegin Ihre Arbeit kritisiert hat. Wie verhalten Sie sich?
a) Sie reagieren darauf überhaupt nicht.
b) Sie kritisieren die Arbeitskollegin ebenfalls.
c) Sie erkundigen sich bei der Kollegin nach dem Grund für ihre Kritik.

Interpretation
a) Ist Ihnen die Kritik Ihrer Kollegin völlig gleichgültig? Nein. Ihr Verhalten zeigt, dass Sie nicht offen sind für neue Anregungen. Ihre Kollegin könnte mit ihrer Kritik ja auch zu Verbesserungen Ihrer Arbeit beitragen.

b) Diese Antwort zeigt Unsicherheit, denn sie zeigt, dass Sie sich schützen wollen, ohne die Kritik genau zu kennen.
c) Sie zeigen Selbstsicherheit, da Sie bereit sind, Ihre Arbeit zu verteidigen und sich mit Ihrer Kollegin offen auszusprechen.

Der Fortbildungskurs

4. **Ihr Chef bietet Ihnen an, einen Fortbildungskurs auf Kosten der Firma zu besuchen. Wie verhalten Sie sich?**
a) Sie lehnen ab, da Sie befürchten, die Erwartungen Ihres Chefs nicht erfüllen zu können.
b) Sie willigen ein, da Sie glauben, dass Sie den Wunsch Ihres Chefs respektieren müssen.
c) Sie willigen ein, weil Sie schon des Öfteren daran gedacht haben, sich fortzubilden.

Interpretation
a) Sie sollten das Vertrauen, das andere Menschen in Ihre Fähigkeiten setzen, nicht ignorieren. Die Möglichkeit zu versagen sollte Ihnen nicht von vornherein die Initiative rauben.
b) Sie sollten Ihr Verhalten weniger an der Meinung anderer orientieren. Völlige Anpassung zeigt ‹falsches Selbstbewusstsein›.
c) Ihre Antwort zeigt Selbstsicherheit, da Sie eine Chance, Ihre Fähigkeiten zu fördern, mutig wahrnehmen.

Zeitung lesen

5. **Sie sitzen während einer Bahnfahrt einem Herrn gegenüber, der Zeitung liest. Auf der Rückseite der Zeitschrift sehen Sie eine Artikelüberschrift, die Sie sehr interessiert. Wie verhalten Sie sich?**
a) Sie bedauern, dass Sie die Zeitung nicht lesen können.
b) Sie merken sich den Namen der Zeitung, um sie bei der Ankunft am Bahnhofskiosk zu kaufen.
c) Sie bitten den Herrn, Ihnen für kurze Zeit den Teil der Zeitung zu überlassen, in dem dieser Artikel abgedruckt ist.

Interpretation
a) Sie hindern sich daran, Ihre Bedürfnisse zu befriedigen, ohne einen Grund dafür zu haben. Die Hemmung, einen fremden Menschen um etwas zu bitten, verrät Ihre Unsicherheit.
b) Sie realisieren Ihre Wünsche nur indirekt. Das ist zwar manchmal bequemer, aber diese Tendenz, ‹möglichst bequem über die Runden zu kommen›, deutet geringe Selbstsicherheit an.
c) Es macht Ihnen nichts aus, eine fremde Person anzusprechen. Das zeigt, dass Sie aktiv und selbstsicher handeln können.

Das vergessene Portemonnaie

6. **Sie begeben sich mit Ihren Lebensmitteln zur Kasse eines Selbstbedienungsgeschäfts. Da fällt Ihnen ein, dass**

Das Bewusstseinstraining

Sie Ihr Portemonnaie vergessen haben. Im gleichen Augenblick sehen Sie eine Hausbewohnerin, die ebenfalls auf die Kasse zugeht. Wie verhalten Sie sich?

a) Sie legen die ausgesuchten Waren in die Regale zurück. Dann gehen sie nach Hause, um Ihr Portemonnaie zu holen.
b) Sie erzählen Ihrer Hausbewohnerin, dass Sie Ihr Portemonnaie vergessen haben, in der Hoffnung, dass sie Ihnen etwas leiht.
c) Sie erklären Ihrer Hausbewohnerin den Sachverhalt und bitten sie, Ihnen eine bestimmte Geldsumme zu leihen.

Interpretation

a) Sie zeigen geringe Selbstsicherheit, da Sie es nicht wagen, Ihre Hausbewohnerin anzusprechen und um Geld zu bitten.
b) Diese Lösung zeigt Diplomatie, aber auch Selbstunsicherheit, da Sie die Hausbewohnerin nicht direkt auf Ihren Wunsch ansprechen.
c) Sie zeigen Selbstsicherheit, da es Ihnen nicht viel ausmacht, Ihr Missgeschick zuzugeben und um Hilfe zu bitten.

Verspätung

7. **Sie haben noch drei Minuten Zeit, um Ihren Zug zu erreichen. Als Sie sich die Fahrkarte am Schalter kaufen wollen, stellen Sie fest, dass sich eine lange Schlange vor dem Schalter gebildet hat. Wie verhalten Sie sich?**
a) Sie finden sich damit ab, Ihren Zug nicht mehr zu erreichen.

b) Sie stellen sich an und hoffen, doch noch rechtzeitig eine Karte zu bekommen.
c) Sie bitten die vorderste Person, Sie ausnahmsweise vorzulassen.

Interpretation
a) Die Antwort zeigt geringe Selbstsicherheit, da Sie bei Widerständen nicht die Aktivität aufbringen können, die nötig wäre, um Ihre Ziele zu verwirklichen.
b) Sie zeigen nur wenig Selbstsicherheit, da Sie sich zur Erreichung Ihres Zieles auf den Zufall verlassen.
c) Diese Lösung zeigt eine gesunde Selbstsicherheit, da Sie Ihre Ziele aktiv verfolgen, auch wenn daraus Schwierigkeiten mit Ihren Mitmenschen entstehen können.

Filmbeurteilung

8. Sie haben sich mit Bekannten einen Film angesehen. Alle beurteilen den Film negativ, Ihnen aber hat er gefallen. Wie verhalten Sie sich?
a) Sie verschweigen, dass Ihnen der Film gut gefallen hat.
b) Sie stimmen Ihren Freunden zu.
c) Sie versuchen, Ihre gegensätzliche Meinung den anderen zu begründen.

Interpretation
a) Sie zeigen wenig Selbstsicherheit, da Ihre Tendenz, sich anzupassen und nicht auffallen zu wollen, auf Kosten Ihrer Spontaneität geht.
b) Sie vergewaltigen sich selbst, indem Sie Ihre eigene Mei-

nung unterdrücken. So kann sich kein gesundes Selbstbewusstsein entwickeln, im Gegenteil: Spannungen und Gehemmtheit können auf diese Weise verstärkt werden.
c) Sie zeigen Selbstsicherheit, da Sie für Ihre Meinung auch gegenüber einer Mehrheit eintreten und bereit sind, aktiv zu werden, statt sich unauffällig und bequem zu verhalten.

Diskussionsverhalten

9. **Ihr Freund weist in einer Diskussion nach, dass eine Ihrer Behauptungen falsch ist. Das sehen Sie auch ein. Wie verhalten Sie sich?**
a) Sie brechen die Diskussion ab, ohne Ihrem Freund einzugestehen, dass er Recht hat.
b) Sie behaupten nun etwas ganz anderes, um Ihren Freund abzulenken.
c) Sie sagen Ihrem Freund, dass er Sie überzeugt hat und Sie einsehen, dass Ihre Behauptung falsch ist.

Interpretation
a) Sie sind zu starr und unbeweglich. Alles, was durch Ihren Schutzwall durchdringen und Ihr Selbstbewusstsein verletzen könnte, unterdrücken Sie. Wegen Ihrer Unsicherheit fällt es Ihnen schwer, aus Kritik Nutzen zu ziehen.
b) Sie zeigen Unsicherheit, weil Sie Gefährdungen Ihrer Person nicht verarbeiten wollen, sondern abwehren. Ihnen geht es darum, Ihr Gesicht zu wahren. Die Meinung anderer ist Ihnen sehr wichtig. Sie brauchen Ihre Energie, um in den Augen der anderen ein möglichst positives Bild abzugeben.

c) Sie zeigen eine gute Selbstsicherheit. Ihnen geht es in erster Linie darum, Unklarheiten zu beseitigen. Gemeinsam erarbeitete Lösungen bedeuten für Sie mehr als die Wahrung einer guten Meinung über Sie. Ihr gesundes Selbstbewusstsein ermöglicht es Ihnen, Probleme gemeinsam zu lösen.

Anhang

Kleines Lexikon der Fachausdrücke

Abwehrmechanismus Dieser Fachausdruck der Psychoanalyse bezeichnet die Mechanismen, die das ICH benützt, um beispielsweise Triebimpulse aus dem ES abzuwehren, deren Befriedigung wegen der Forderungen des ÜBER-ICH (Gewissen) und der Realität nicht möglich sind. Die wichtigsten Abwehrmechanismen sind Verdrängung, Verschiebung und Rationalisierung.

Angst Angst ist ein schwer beschreibbares Gefühl, das verknüpft ist mit Erregung, Beengung und Verzweiflung. Dabei ist der Mensch nicht mehr Herr seiner selbst, das heißt, die willensmäßige Steuerung der Persönlichkeit ist beeinträchtigt oder aufgehoben. Beispiel: «Er blieb vor Angst wie angewurzelt stehen und brachte kein Wort heraus.» In der Psychoanalyse hat Angst eine zentrale Bedeutung. Nach Sigmund Freud ist sie stets eine Trennungsangst. Diese erlebt zum Beispiel der Säugling, wenn er von der Mutterbrust ‹getrennt› wird.

Bedingter Reflex Beim Anblick eines unbedingten Reizes, etwa Futter, sondert ein Hund Speichel ab (angeborener, unbedingter Reflex). Ertönt gleichzeitig zum Futter ein Glockenton, sondert der Hund nach einigen Wiederholungen allein beim Erklingen des Glockentones (bedingter Reiz) Speichel ab (bedingter, gelernter Reflex), auch wenn kein Futter da ist. Den bedingten Reflex entdeckte der russische

Physiologe Pawlow. Die Art dieses Lernens nennt man ‹klassische Konditionierung›.

Eigenschaften Bezeichnung für Merkmale, die den Menschen allgemein sind (allgemein menschliche Eigenschaften) oder die Einmaligkeit eines bestimmten Menschen charakterisieren (individuelle Eigenschaften). Individuelle Eigenschaften können aus dem Verhalten eines Menschen erschlossen werden. Sie sind als relativ überdauernde Charakteristika quantitative und qualitative Unterscheidungsmerkmale zwischen Menschen.

Einstellung Eine relativ konstante Haltung gegenüber Personen, Ideen, Lebensmaximen. Einstellungen entstehen durch das Zusammenspiel von Eigenschaften (zum Beispiel Selbstbewusstsein), Umwelteinflüssen (zum Beispiel Erziehung) und Erwartungen.

Frustration Das Erlebnis, wenn eine bestimmte Erwartung nicht erfüllt, also enttäuscht wird. Eine Behinderung der Triebbefriedigung führt zum Beispiel zu Frustrationserlebnissen.

Frustrationstoleranz Die Fähigkeit, Frustrationen längere Zeit aushalten zu können.

Individualpsychologie Eine von Alfred Adler begründete Richtung der Psychologie. Nach ihr kann der Mensch aufgrund seines Sozialisationsprozesses verstanden werden. Ein Mensch entwickelt den Lebensplan, soziale Anerkennung zu erreichen, da er nach Macht und Geltung strebt. Dieses Streben postuliert Adler als Grundtrieb. Dadurch sollen Minderwertigkeitskomplexe kompensiert werden, die jeder Mensch seit seiner Kindheit durch Organminderwertigkeiten und auch durch seine Hilflosigkeit als Säugling entwickelt hat. Im Kompensationsprozess entsteht die

Persönlichkeit eines Menschen. Adler unterscheidet sich von Sigmund Freud vor allem dadurch, dass er der Sexualität keine so große Bedeutung beimisst.

Minderwertigkeitsgefühl Dieser in Adlers Psychologie zentrale Begriff bezeichnet das Erlebnis seelischer oder körperlicher Unzulänglichkeit. Minderwertigkeitsgefühle beeinträchtigen die Entwicklung eines gesunden (umfassenden) Selbstbewusstseins und können zu Neurosen führen. Sowohl endogene (zum Beispiel nicht voll funktionstüchtige Organe) als auch exogene Faktoren (zum Beispiel zu strenge Erziehung) können zu Minderwertigkeitsgefühlen führen. Wenn sie chronisch werden, können sie sich zu einem Minderwertigkeitskomplex entwickeln.

Neurose Konfliktsituationen werden nicht bewusst bewältigt, sondern verdrängt. Die verdrängten Impulse sind damit jedoch nicht verschwunden, sondern äußern sich in einer seelischen Gleichgewichtsstörung (Neurose), die zu einem mehr oder weniger lange dauernden Leidenszustand und zu einem Gestörtsein der Gesamtpersönlichkeit führt.

Psychiatrie Teilgebiet der Medizin, das sich mit den Geistes- und Gemütskrankheiten beschäftigt und sich medizinischer Methoden zu deren Behandlung bedient.

Psychoanalyse Die Psychoanalyse beruht auf Sigmund Freuds Erkenntnissen vom Unbewussten. Das Unbewusste ist danach ein seelisches Gebiet mit eigenen Wünschen (nach Freud vor allem sexueller Art) und besonderen Mechanismen. Die Therapie beruht auf dem Bewusstmachen dieser unbewussten Inhalte durch den Psychoanalytiker.

Psychose Eine Geisteskrankheit bzw. seelische Krankheit, die von der Beeinträchtigung bis zur Aufhebung des normalen Seelenlebens führt, sodass der Patient (Psychotiker) für längere Dauer das Orientierungsvermögen in der realen Umwelt verlieren kann. Dieser Verlust an Orientierungsvermögen unterscheidet die Psychose (allerdings nicht immer) von anderen Störungen des Erlebens und Verhaltens, etwa von der Neurose.

Psychotherapie Die Wissenschaft von der Behandlung seelischer oder seelisch bedingter Leiden mit psychologischen Mitteln (im Unterschied zur Psychiatrie). Es können drei Hauptmethoden unterschieden werden: *Suggestive Verfahren*: Der Konflikt, unter dem der Patient leidet, wird umgangen (zum Beispiel Hypnose oder Autosuggestion). *Trainingsverfahren*: Durch körperliche oder geistige Übungen wird eine seelische Gesundung und Willensfestigung angestrebt (zum Beispiel autogenes Training, Desensibilisierung). *Tiefenpsychologisches Verfahren*: Die Aufdeckung und Aufhebung des Konflikts bzw. der psychischen Schwierigkeiten wird versucht (zum Beispiel die psychoanalytische Methode von Freud).

Stress Bezeichnung für jede psychische oder körperliche Belastung. Dabei unterscheidet man ‹positiven› und ‹negativen› Stress. Positive Stress-Situationen ergeben sich beispielsweise bei sportlicher Betätigung, negativer Stress beispielsweise bei beruflicher Überforderung. Verliebtheit wiederum bedingt positiven Stress, während eine Trennungsphase negativen Stress hervorruft.

Literaturverzeichnis

Adler, A.: Studie über die Minderwertigkeit von Organen, Wien 1907
Adler, A.: Über den nervösen Charakter, München 1928
Adler, A.: Praxis und Theorie der Individualpsychologie, Leipzig 1930
Allport, G. W.: Persönlichkeit, München 1959
Andics, von, M.: Über Sinn und Sinnlosigkeit des Lebens, Wien 1938
Anschütz, G.: Psychologie, Hamburg 1953
Binswanger, L.: Über Ideenflucht, Zürich 1933
Binswanger, L.: Drei Formen missglückten Daseins, Tübingen 1956
Bierre, P.: Unruhe, Zwang, Angst, München o. J.
Brachfeld, O.: Minderwertigkeitsgefühle, Stuttgart 1953
Brun, R.: Allgemeine Neurosenlehre, Basel 1954
Coué, E.: Die Selbstbemeisterung durch bewusste Autosuggestion, Basel/Stuttgart 1972
Erikson, E.: Kindheit und Gesellschaft, Stuttgart 1971
Frankl, E.: Der Wille zum Sinn, Bern 1972
Freud, S.: Gesammelte Werke, London 1952
Gabor, D.: Der vernünftige Mensch, München 1972
Gehlen, A.: Der Mensch. Seine Natur und seine Stellung in der Welt, Berlin 1940
Groddeck, G.: Der Mensch und sein Es, Wiesbaden 1970
Heiß, R.: Die Lehre vom Charakter, Berlin 1949
Hennenhofer, G.: Angst überwinden, Stuttgart 1973
Horney, K.: Der neurotische Mensch unserer Zeit. München 1964

Klages, L.: Der Geist als Widersacher der Seele, Leipzig 1933
Künkel, F.: Die Arbeit am Charakter, Konstanz 1964
Legewie, H., Ehlers, W.: Knaurs moderne Psychologie, München 1972
Lersch, Ph.: Aufbau der Person, München 1966
Lindemann, H.: Überleben im Stress – Autogenes Training, München 1973
Plack, A.: Die Gesellschaft und das Böse, München 1967
Rogers, Carl R.: Die Klient-bezogene Gesprächstherapie, München 1973
Rüfner, V.: Die Entfaltung des Seelischen, Bamberg 1947
Selg, H.: Zur Aggression verdammt? Stuttgart 1972
Scheidt, J.: Innenweltverschmutzung, München 1973
Schmidbauer, W.: Seele als Patient, München 1971
Schultz-Hencke, H.: Der gehemmte Mensch, Stuttgart 1965
Thomae, H.: Das Individuum und seine Welt, Göttingen 1968
Thomae, H.: Der Mensch in der Entscheidung, München 1960
Wolpe; J.: Therapist and Technique Variables in Behaviour Therapy of Neuroses, in: Comprehensive Psychiatry 10, 1969